前沿管理论丛

The Empirical Study on
the Formation Mechanism of
Entrepreneur's Human Capital

企业家人力资本形成机制研究

——基于企业家知识的视角

崔 瑜 ◎著

社会科学文献出版社
SOCIAL SCIENCES ACADEMIC PRESS (CHINA)

总　序

自管理科学诞生那天起，它的作用就是有目共睹的。随着科技进步与社会发展，社会活动与经济活动越来越复杂，管理科学面对的环境不断发生变化，出现了许多新的问题。从主观上讲，人们为了解决这些新的问题而不断地提出新的理论与方法，推动管理科学的发展；从客观上讲，管理科学本身是社会与经济结合的产物。因此，在不断地适应这种变化的环境、寻求解决新问题的方法的同时，管理科学自身也发生了变化，从而不断得到完善与发展。无疑，管理科学这种变化是有规律性的。由于社会与经济生活中要素的作用及其地位的变化，管理科学发展的规律首先体现在它所研究的核心内涵由物资（土地、设备、材料等）管理发展到资产管理，又由资产管理发展到知识管理。也就是说，在生产力水平比较低的物资管理中，物资起着决定性的作用而处于第一位；在生产力水平比较高的资产管理中，资产又取代物资而起着决定性的作用，从而成为第一要素；在生产力水平更高的知识管理中，知识又取代了资产而起着决定性的作用，从而成为第一要素。不难发现，无论在哪一阶段，知识在推动管理科学的发展中都起着重要作用。随着知识的含量及其作用增大，管理的重点由物资管理发展到资产管理；随着知识的含量及其作用进一步增大，管理的重点又由资产管理发展到知识管理。尤其是20世纪80~90年代以来，这种变化更为迅速。管理科学发生了质的飞跃，知识管理成为主流。新的管理思想、理念和方法如雨后春笋般不断涌现出来，诸如知识创新管理、人本管理、顾客满意度、供应链管理、物流管理、电子商务、技术创新管理、学习型组织、动态联盟、核心能力、企业（组织）文化等，它们丰富、完善、发展了管理理论，代表着管理科学最新的发展方向。最重要的是，它们解决了传统管理理论与方法所不能解决的新问题，管理科学的作用比以往任何一个时期都更加重要。正因为这一点，管理科学比以往任何一个时期发展得都快。

我国自1979年实行改革开放政策以来，先进的管理理论、思想与方法被引入我国各级组织、机构与企业中，发挥了积极的历史性作用。不可否认，我国有一大批企业的管理水平、质量与效果可以与发达国家著名公司（企业）相媲美。但从总体上讲，由于各种原因，如市场机制不健全、市场不规范等，大多数企业的管理水平是比较低的，管理科学的作用也是很有限的。也就是说，很多企业在管理上存在很多的漏洞。关税保护与地方保护更使一些企业甚至不进行必要的基础管理也能立足。也有一些企业，可以说是叶公好龙，它们认识到需要科学管理，但又不愿意下功夫进行科学管理，只是做些表面文章，将"管理"当成金字招牌。还有的企业倒是下了一些功夫实施科学管理，但由于政策不配套、制度与机制等环境不配套，推进的效果甚微。一些企业，包括一些国际著名公司，之所以失败，固然有很多的原因，但管理制度不健全，管理过程不规范，管理理念、管理技术与方法落后所决定的管理水平低下是一个共性的重要原因。一些原本发展很好的公司，在管理中出现了严重的问题，导致重大决策失误或良好的管理氛围消失继而失败，甚至一夜间垮掉。这种教训是极为惨痛的。因此，建立良性循环的管理氛围是至关重要的。因为任何一个组织都有自己的定位和发展目标，这种定位与发展目标是受其所拥有的资金、人才、技术约束的。但每一个组织能否实现它的定位与目标，并不完全取决于人才与技术等因素的"硬"约束，在很大程度上还取决于它的管理理念、管理技术、管理方法、管理水平等管理艺术的"软"约束。

2001年12月11日，我国加入了世界贸易组织（WTO），企业被推到国际竞争的舞台上。过去那种关税庇护正逐步消亡，市场机制不健全、市场不规范的问题将较快得到解决，企业所面临的压力和挑战比以往任何一个时期都大得多。但企业也遇到了前所未有的发展机遇，关键是企业能否抓住机遇、能否迎接挑战、能否在激烈的竞争中立于不败之地。因此，管理水平与质量的高低是一个重要的因素。将来的竞争是人才的竞争，但在很大程度上也是管理水平的竞争。众所周知，管理水平是技术进步的内涵，仅有高科技人才、先进的技术设备与工艺而管理落后，照样会导致技术进步缓慢、技术进步贡献率低。也就是说，管理水平要与先进技术设备与工艺等其他因素匹配，否则就会影响技术进步。毫不夸张地说，在技术进步中，管理水平往往比先进技术设备与工艺的作用更大。因为只要有钱，就可以引进先进设备与工艺，但管理水平与机器设备不同，即使再有钱，也买不来管理水平的提高，这对于我国企业尤其如此。由于历史上闭关自守的原因，在物资管理，尤其是在资产管理方面，我国企业已经失去了很多机会。这是造成管理落后、管理水平低下的重要原因。落后的管理方式已经成为企业生存与发展的瓶颈，面对知识经济的冲击，这一形势更加严峻。我们不能轻描淡写，但也不要悲观失望。落后固然不利，但反过来说就是发展潜力大。只要认识清楚，目标明确，积极发挥制度优势，善于学习与借鉴，充分利用"后发优势"，在知识管理时代缩小差距，赶上甚至超过发达国家管理水平都是有希望的。因此，对我国企业来说，对管理科学的需求比对以往任何一个时期都更为重要。就目前来说，学习的任务很重。"干中学""学中干"应贯穿整个学习过程。

面对经济全球化、信息化、知识化，学习、消化、吸收与应用当代管理科学最新成果十分重要。因此，我国企业迫切需要最新的管理科学理论与方法。由叶茂林、林峰、葛新权主编的"前沿管理论丛"，从多个方面论述了管理科学发展的最新成果。它的出版非常及时，而且具有重要的现实意义。这套丛书的基本思路清晰，通过论述管理科学发展的最新成果来满足企业及个人学习的需要。在内容选择上，做到"有所为，有所不为"，不求全，而求新、求特色。丛书的每一本都是管理科学最新成果与作者研究成果的结合，因而具有较高的学术水平。在应用上，具有可操作性，对企业在知识经济时代开展科学管理有实际的指导意义。因此，它的出版必将推动我国管理科学研究与应用的发展。

可以肯定地说，在近 20 年内，管理科学将成为企业最迫切的需求，因而这一时期也是管理科学有史以来最好的发展时机。当然，这套丛书只是管理科学研究成果的冰山一角。管理科学的更大发展，还有待管理科学界和广大管理工作者今后的共同努力。

中国工程院院士

李京文

2005 年 3 月

序

可以讲，21世纪是管理科学的世纪。随着知识经济的发展，以及经济全球化、信息化和知识化的迅速提高，知识已经成为第一要素，它的作用越来越大，从而决定了对管理科学的需求也越来越大。由于管理环境的复杂多变，科学管理的难度也越来越大。这是管理科学发展的规律，因为在社会与经济还不发达时，技术的作用占统治地位，科学管理的作用就被掩盖起来，甚至可以被忽视而无妨大局；当社会与经济由不发达转向发达时，技术的作用固然仍占统治地位，但科学管理的作用不可忽视，越来越显现出其突出的地位。也就是说，如果管理水平上不去，先进技术的作用就不能被发挥出来。并且，技术越先进，对管理水平的要求就越高。可以预料，在21世纪的今天，管理科学将得到一个前所未有的大发展。不可否认，管理科学来自发达国家（这里指用于社会生活与经济生活的管理理论与方法，而意识形态领域中管理思想与理念当属中国），向发达国家学习是非常必要的。我们认为，我国管理科学的发展经历着引进、学习、消化、吸收、整合、创新几个阶段。首先，几年来管理科学学术著作和教材（原版）的引进是必要的；其次，经过学习、消化与吸收后的整合是创新的基础；最后，结合实际或解决实际问题的创新也是必需的。就目前我国的实际情况来看，已经到了整合与创新的接口处。基于此，2002年起出版了"管理科学发展论丛"丛书，包括《微观知识经济与管理》《知识管理理论与运作》《顾客满意度测评》《经济统计分析方法》《金融业务风险及其管理》《新公共管理及应用》《市场营销策略与应用》《企业信息化管理》《技术创新与管理》《现代广告策划与决策分析》10本专著。而"前沿管理论丛"正是它的延续，进一步反映了国内外目前管理科学发展的最新成果，无疑具有重要的理论意义和实践价值。

本套论丛的主编与作者都长期从事管理科学研究、教学和实际工作，已经取得了一些学术成果。为把握国际管理科学研究前沿及最新成果，推动我国管理科学的发展，满足企业及个人对管理科学的需要，在调查分析的基础上，经过反复酝酿与策划后，确定了这套"前沿管理论丛"的指导思想：它作为一套管理科学学术著作，力求反映国外最新的管理科学成果，为我所学，为我所用。

《企业家人力资本形成机制研究——基于企业家知识的视角》是"前沿管理论丛"这套丛书的第九本。这本专著的出版，将有助于创业管理和企业家理论的深入开展，对从事相关领域的理论研究人员、教学人员和实际工作者都具有参考价值，也适合作为创业管理、战略管理、知识管理专业本科生和研究生的教学参考书。

葛新权

2008年6月

目 录

前　言 …………………………………………………………… 1

第一章　引论 …………………………………………………… 1
第一节　研究问题的提出 …………………………………… 2
第二节　研究意义 …………………………………………… 9
第三节　研究目的和内容 …………………………………… 12
第四节　研究方法 …………………………………………… 15
第五节　本书的结构安排和研究的技术路线 ……………… 18

第二章　相关理论与文献评述 ………………………………… 21
第一节　企业家异质性人力资本研究理论回顾 …………… 21
第二节　知识在创业领域相关文献回顾 …………………… 39

第三章　理论框架与研究假设 ………………………………… 54
第一节　企业家人力资本形成机制中主要变量的界定 …… 54
第二节　企业家知识、创业认知与企业家人力资本的
　　　　　形成 ………………………………………………… 64

第三节　研究假设的提出 …………………………………… 67

第四章　问卷设计与小样本测试 ………………………………… 85
　　第一节　问卷设计 …………………………………………… 85
　　第二节　小样本测试 ………………………………………… 98
　　第三节　小结 ……………………………………………… 108

第五章　大样本数据收集与分析 ………………………………… 110
　　第一节　抽样与问卷发放 ………………………………… 110
　　第二节　数据清理 ………………………………………… 112
　　第三节　企业家、企业数据描述性统计分析 …………… 114
　　第四节　企业家知识、企业家人力资本、创业认知、
　　　　　　风险倾向的探索性因子分析 ……………………… 119
　　第五节　企业家知识、企业家人力资本、创业认知、
　　　　　　风险倾向的验证性因子分析 ……………………… 134
　　第六节　小结 ……………………………………………… 150

第六章　企业家知识与企业家人力资本之间的关系检验 … 152
　　第一节　控制变量的方差分析 …………………………… 152
　　第二节　整体测量模型的信度效度分析 ………………… 164
　　第三节　企业家知识、创业认知与企业家人力资本整体
　　　　　　结构模型的检验 …………………………………… 172
　　第四节　创业认知中介效应的检验 ……………………… 177
　　第五节　风险倾向调节效应的检验 ……………………… 191
　　第六节　小结 ……………………………………………… 197

第七章 研究结论与展望 ………………………………… 199
  第一节 研究的主要结论 ……………………………… 199
  第二节 研究启示 ……………………………………… 203
  第三节 研究不足与后续研究建议 …………………… 206

参考文献 ………………………………………………… 209

附 录 …………………………………………………… 240

Contents

Preface /1

Chapter 1 Introduction / 1
   1.1 Research questions / 2
   1.2 Significance of the research / 9
   1.3 Research objective and content / 12
   1.4 Research methods / 15
   1.5 Research structure and technological route / 18

Chapter 2 Theory and Literature Review / 21
   2.1 Review on theory of entrepreneur's heterogeneity human capital / 21
   2.2 Literature review on knowledge in entrepreneurial field / 39

Chapter 3 Theoretical Framework and Research Hypotheses / 54
   3.1 Definition of main variables in the formation mechanism of entrepreneur's human capital / 54

3.2 Entrepreneur's knowledge, entrepreneurial alertness and formation of entrepreneur's human capital　/ 64

3.3 Research hypotheses　/ 67

Chapter 4　Questionnaire Design and Small Sample Survey　/ 85

4.1 Questionnaire design　/ 85

4.2 Small sample survey　/ 98

4.3 Summary　/ 108

Chapter 5　Data Collection and Analysis of Large Sample　/ 110

5.1 Sample and questionnaire　/ 110

5.2 Processing the date　/ 112

5.3 Descriptive statistical analysis of the data on entrepreneurs and enterprises　/ 114

5.4 Exploratory factor analysis on entrepreneur's knowledge, human capital, entrepreneurial alertness and risk propensity　/ 119

5.5 Confirmatory factor analysis on entrepreneur's knowledge, human capital, entrepreneurial alertness and risk propensity　/ 134

5.6 Summary　/ 150

Chapter 6　Empirical Test of Research Hypotheses on the Relationship between Knowledge and Human Capital of Entrepreneurs　/ 152

6.1 Analysis of variance of control variables　/ 152

6.2 Test of reliability and validity on the whole measurement model / 164

6.3 Test of structural model of entrepreneur's knowledge, entrepreneurial alertness, and human capital / 172

6.4 Test of mediating effect of entrepreneurial alertness / 177

6.5 Test of moderation effect of risk propensity / 191

6.6 Summary / 197

Chapter 7 Research Conclusions and Prospective / 199

7.1 Main conclusions / 199

7.2 Research enlightenment / 203

7.3 Shortcomings and suggestions for future research / 206

References / 209

Appendix / 240

前　言

　　随着经济转型和市场竞争的激烈化，企业家成为推动经济发展的主要力量之一。企业家的异质性人力资本对企业的作用就是企业绩效的提升、企业的可持续发展，这是企业家异质性人力资本不同于普通人力资源的特征。因此，企业家自身的发展也成了时代的需求，而如何成为一个企业家更成了重点和焦点。企业家要具备哪些特征、如何才能具备这些特征也是创业领域正在寻求答案的问题之一。对这个问题的透彻理解和深入分析能够提供理解很多相关社会问题的依据，也能够为相关的学术研究提供借鉴。

　　随着信息的复杂化和多样化，知识成为个人具备竞争优势、企业具备核心竞争力所必需的要素。因此，从各种渠道学习知识成为企业家形成和持续发展的必要条件。但是，什么样的知识能够促进企业家的形成从而影响企业家创业，什么样的知识不能够对企业家的形成起到相应的作用，知识到底通过什么条件影响企业家的形成，这些都是需要分析探讨的问题。

　　因此，本书针对上述的种种提问进行了以下几个方面的实证研究：①企业家异质性人力资本的界定和维度；②影响企业家异质性人力资本的知识类别；③创业认知在知识和企业家异质性人力资本之间的中介作用，具体包括知识与创业认知之间的关系和创业认知与企业家异质性人力资本之间的关系；④风险倾向对创业认知在知识和企业家异质性人力资本形成过程中的调节作用。

本书结合文献和理论分析，使用问卷调查方式，获取研究数据。用小样本预检验测试了问卷的效度和信度，之后在大样本分析中，进行了探索性因子分析和验证性因子分析，进一步调整了因子的测项。实证结果表明，企业家的异质性人力资本体现在以下几个维度：自治、创新、风险承担、前瞻。企业家的知识包括了与企业家创业相关的学术知识、社会网络类知识、创业从业经验类知识和管理实践类知识。具体而言，企业家社会网络类知识又细分为核心网络知识和辅助网络知识；管理实践类知识又可分为管理自我知识、管理他人和任务的知识。

通过运用结构方程模型检验，创业认知在知识和企业家异质性人力资本的自治维度之间没有任何中介效应，而创业认知在创新、风险承担、前瞻维度之间均存在中介效应，有的是部分中介效应，有的是完全中介效应。创业认知的完全中介效应存在于以下方面：核心网络类知识和风险承担、前瞻之间的中介效应，创业从业经验类知识和创新、风险承担、前瞻之间的中介效应，管理实践类知识和创新之间的中介效应。创业认知的部分中介效应存在于以下方面：管理实践类知识和风险承担、前瞻之间的中介效应。

风险倾向在创业认知和异质性人力资本的自治、创新、前瞻维度之间有显著的调节效应，而在风险承担这个维度上不存在调节效应。之后，本书将样本分为高风险倾向和低风险倾向两组，分别对创业认知与自治、创新、前瞻维度之间的回归关系进行分析。结果表明，风险倾向较高的企业家的创业认知和人力资本的自治、创新、前瞻各维度间存在显著的正向影响；而风险倾向较低的企业家的创业认知和人力资本的自治、创新、前瞻各维度间的关系不显著。

最后，本书对研究结论进行了总结，指出了本书对于理论和实践的启示，并对本书研究的局限性和后续研究进行了展望。

本书得到国家自然科学基金"集群背景下知识网络嵌入、组织学习与企业能力提升机制研究"项目（项目批准号：71202150）、国家自然科学基金"文化创意产业集群高管团队、知识溢出对企业动态能力影响机制的实证研究"项目（项目批准号：71202029）、教育部人文社会科学研究"基于知识获取的创业者破坏性创新行为形成机制的实证研究"项目（项目批准号：11YJC630036）、教育部人文社会科学研究"基于分布式创新的动态能力构建机制的实证研究：以跨国公司为例"项目（项目批准号：12YJC630076），以及北京市属高等学校人才强教深化计划"高层次人才计划"、北京市教委科技创新平台、北京市重点建设学科和北京市知识管理研究基地项目资助。

作　者

2012 年 11 月 27 日

第一章
引论

历史的发展总是由时代的英雄与时代的精英造就,在经济发展、生活品质提高的进程中,企业家精英阶层所起的作用更是非常显著。纵观东西方,改变全球生活的比尔·盖茨、通用总裁杰克·韦尔奇、石油大王巴菲特等等这些创造奇迹的企业家已经为世界的发展做出了不可磨灭的贡献;同样,在中国,李彦宏等创办的百度搜索、马云开创的阿里巴巴网上购物模式、柳传志创办的联想集团、张朝阳创立的搜狐门户网站等创造了中国公民的内外交流和生活的新模式,而他们自身也为中国各行各业尤其是民营企业家树立了榜样。这些富有企业家精神的国内外企业家们不仅为全球经济发展、人民生活做出巨大的贡献,而且为人们的职业发展和生活模式做出了榜样,并成为商业实践界的英雄。从古至今,注重发展商业以及积极培养商业精英的政策导向总是能够造就辉煌而繁荣的朝代,尤其在改革开放后的中国,对创业精神的提倡使得大量的企业家出现,积极推动了中国经济的发展。企业家的作用无论从历史上看还是从国内外看都是非常重要的,企业家的发展也带动了经济的发展。

因此，在全球一体化的世界经济和国内体制转轨的背景下，企业的发展才能带动经济的发展，而企业家的发展才能带动企业的发展。因此，对于企业家异质性人力资本的形成机制的研究也是时代发展的必然要求和选择。

本书所研究的是在经济快速发展的背景下如何形成企业家异质性人力资本，如何使得企业家在拥有相关知识的基础上实现其"异质性"的转变。通过分析其内在机制，得出适用于现代企业家发展的路径，进而对企业、社会的发展产生积极的推动作用。

第一节　研究问题的提出

基于企业家知识的企业家异质性人力资本形成机制问题的提出有其存在的历史渊源，在当今的时代背景下也有解决该问题的迫切要求，所以对于该问题的研究具有重要的理论和实践意义。

一　研究问题的起源

随着人力资源管理学科的发展，对于高层管理人员的人力资源管理和普通员工的管理已经成为两种代表性方式，之后，以环境的动态性与不确定性以及环境要素的复杂性与异质性为假设，以发现和识别机会为起点，以创新、超前行动、勇于承担风险和团队合作等为主要特征的创业型人力资源的出现，成为了创业管理研究的主要对象。

而对于人力资源管理与战略管理的这种前沿性发展的结合，其关键原因的分析还要追溯到企业家精神这个内核。企业家精神研究是一个广泛的研究领域,鉴于企业家精神在价值创造和经济发展中日益增长的重要性,研究者们耗费了很大精力来定义企业家精神。企业家精神的研究要追溯到对"企业家"的研究。"企业家"这一概念由法国经济学家Say、Jean Baptiste在1800年首次提出,萨伊提出的效用价值论中,工资、利润、地租分别来源于劳动、资本、土地,而利润是对企业家从事冒险、监督和管理企业的报酬,企业家的"智力和才能"应该得到高的报酬。之后,Schumpeter指出企业家的创新特性(1934),而Drucker继承并发扬了Schumpeter的观点,提出企业家精神中最主要的是创新,进而把企业家的领导能力与管理等同起来,认为"企业管理的核心内容,是企业家在经济上的冒险行为,企业就是企业家工作的组织"(Drucker, 1985)。进入20世纪后,企业家概念的抽象——企业家精神的定义就已拓展到了行为学、心理学和社会学分析的领域。而在当今西方发达国家,企业家转到政府或社会组织工作非常普遍,也不断提出和实施用企业家精神来改造政府服务工作和社会管理工作。

对于企业家的研究历来都属于经济学的范畴,同样在20世纪以后,随着经济增长理论的形成,罗默、卢卡斯等人的新经济增长理论模型中,人力资本被认为是内生的,知识和异质性人力资本被认为是经济增长的发动机。在众多的经济增长理论中,把特殊人力资本与经济增长直接联系起来的首推Schumpeter。尽管Schumpeter没有将具有创新性的企业家定义为一种特殊的人力资本,但毫无疑问,他所指的那些有见识、有组织才能和敢于冒风险的创新型企业家实质上就是一种特殊人力资本。在此,Schumpeter将异质性人力资本和企业家之间的联系明确表达出来。同样，中国学者也在对异质性人力资本进行探索研究，丁栋虹（1999）在其《制度变迁中企业家成长模式》一书中对异质性人力资本的内涵、生命周期，异质性人力资本的价值实现、配置与报酬形态做了创造性的系统研究。他指出凡是在某个特定历史阶段中具有边际报酬递增生产力形态的人力资本就是异质性人力资本，而其他人力资本则是同质型人力资本。同时，他明确指出，企业家是"对经济环境做出创造性的或创新的反应以推进生产发展的"异质性人力资本（丁栋虹，1999）。

在当今的企业家精神相关研究中，近年有两种相对的研究。一种是组织行为学角度关于创业决策的流动性限制的研究，即个人成立企业的进入障碍以及现在的和潜在的企业家的关键创业动机、创业导向、创业学习等；另一种是财务管理角度对企业家精神的经济回报研究，包括对企业家股票股权制的研究、人力资本的核算问题等。对于这两种理论而言，人力资本分析都发挥了重要的作用。在目前对企业家最新的研究中，企业家被赋予了很多新的不可观察的特质，比如风险厌恶（Risk Aversion），随机异质性生产力能力（Stochastic Idiosyncratic Productivity）。

在以上分析中，在异质性人力资本研究与当今前沿的两种研究之间，缺乏对于企业家这种异质性人力资本如何形成这一问题的研究。该问题的解决有两方面的作用：一方面，在新经济增长理论明确了异质性人力资本对于经济增长的意义之后，研究异质性人力资本的形成无疑从管理学角度进一步深化了异质性人力资本形成所需的具体的实施策略和步骤，这就从管理学角度进一步发展了经济学中的问题。另一方面，对于当今创业决策的流动性限制和企业家精神的经济回报方面，研究企业家异质性人力资本的形成无疑可以更好地帮助我们理清思路来理解企业家的创业行为，并对企业家精神的回报给予合理的解释。

二 问题的研究价值

在对企业家异质性人力资本的形成问题的研究，从时间上对该领域研究承前启后，从空间上对该领域研究可以有独特而宏观的观察视角，进而为其他研究者提供可供参考的建议。

企业家精神的研究始于西方，而且经过长时间的发展在很多高校、研究机构成为一个独立的专业，在中国，对于企业家精神领域的研究也始终是经济学、管理学研究的重点专业及方向。同时，处于该领域内前沿地带的企业家异质性人力资本形成问题的研究并不是一个中国固有的问题，而是一个全球性的问题，其研究价值在地域上是没有边界与限制的。

此外，企业家精神的问题是古典经济学中所分化出来的一个领域，对其研究从18世纪至今有几百年之久，而且研究范围越来越广，研究题目也越来越细化，对企业家形成问题的研究在该领域的研究历史中起到一个承上启下的作用。而且随着学科的发展，国家与社会创业认识的增加，企业家精神的相关研究只会呈上升趋势，所以基于企业家知识的企业家异质性人力资本形成机制研究在时间维度上是有研究价值的。

三 问题的研究背景

目前对于企业家的研究分为前端和后端两方面。在研究的后端主要是对企业家异质性人力资本对于企业绩效的影响的研究，包括了企业家异质性人力资本与绩效、企业家的经验与企业的绩效、企业家性别对于企业家贷款成功的影响，以及企业家异质性人力资本与企业的存续之间的关系（Bates，1990a；Buttner and Rosen，1988；Dimov and Shepherd，2005；Dyke et al.，1992；Hatch and Dyer，2004）。这些研究关注企业家在企业发展中的重要角色，但是忽略了分析企业家促进企业绩效的本质，往往只关注了企业家的人口统计指标以及其他一些显性的指标。这实质上是由于对于企业家异质性人力资本界定的模糊和其对于企业绩效影响的模糊。在对于企业家异质性人力资本研究的前端则主要集中于企业家异质性人力资本的形成的影响因素，即到底哪种知识影响了企业家异质性人力资本的形成，学术知识和非学术知识的影响作用如何（Birley，1985；Dubini and Aldrich，1991；Henry and Leitch，2005；Ibrahim and Soufani，2002；Sternberg and Jordan，2005），这也将成为本书的重点。

对于异质性人力资本形成的重要性学者们曾给予科学合理的解释，在人力资本外生经济增长理论中，丹尼森和库兹涅茨等通过对历史数据的定量分析创造性地研究了经济增长因素，揭示了技术进步（知识进展）在经济增长中的重要作用，强调知识和教育的重要性。

但是对于企业家异质性人力资本的形成到底是基于什么样的知识，国内外学者都在进行广泛的讨论，其中包括以下几种观点：第一，教育说。从经济增长理论的形成至今，对于异质性人力资本的教育都是促进经济增长的首要策略。在新经济增长理论中，人力资本是内生的，人力资本之所以是异质的就在于对人的教育、技能、健康和知识改善等方面的投入的开支不同所形成的货币"资本"不同。在实践中，教育在众多研究者的眼中无疑是学术知识的来源。而近年来管理人员以及高层管理人员为了接受正规教育以及获得学历导致的 MBA、EMBA 教育迅速升温的现象也表明了教育说在大众心中颇高的地位。第二，经验说。创业研究的相关理论表明，企业家的创业成功都与其从业经验以及人生体验有着显著的相关关系。与教育获取学术知识不同，企业家的经验形成的是非学术类知识。近年来被广泛研究的社会资本、社会网络等题目就强调通过非正规教育的学习途径获取知识的重要性。比如有的学者分析了拥有政治背景的企业家更有可能降低融资门槛，进而使企业更为顺利地发展。第三，关键事件说。企业家学习、企业家决策等的相关理论表明，突发事件或者关键事件是促成部分企业家形成的重要原因。企业家通过从突发事件中学到的经验教训学到更多的知识，从而促进企业家精神中的很多特质得以发展，比如应变能力、控制能力等从中得到锻炼。

以上几种观点有共同之处，就是承认知识对于异质性人力资本形成的重要作用，而不同之处在于是什么类别的知识导致了异质性人力资本形成。而不同的学术观点，就会导致不同的社会导向和政策导向。目前对于企业家形成问题的关键原因方面还没有完善的科学研究以及确定的可供借鉴的结论，而且国内外对于企业家成长所需的是否一定是通过教育获取的学术知识有不同的言论。如果此问题不能研究清楚，那么企业家的成长就可能会走向低效率的途径，进而影响到企业的发展。

因此，本书在这种情况下进行研究是非常必要的。对于企业家异质性人力资本的形成原因进行研究为处于市场经济发展初期的中国企业家以及未来的企业家提出可供参考的意见，而对形成机制更为深入详细的研究更是为他们的发展提供可行的科学和实践步骤。

四 研究问题的界定

异质性人力资本是促进经济社会发展的特殊的人力资本，其中就包括了企业家异质性人力资本，这种人力资本同科学家人力资本（Toole and Czarnitzki, 2009）、研发人员人力资本等共同发挥着促进企业发展的重要作用。在本书中，企业家异质性人力资本是指与企业家创业行为密切相关并促进企业发展的独特资本，这种独特资本的载体是企业家，与企业家的创业特质相关。

知识的分类也有很多种，包括战略的、技术的、心理的等等，在本书中，知识只是界定在与企业家创业行为密切相关的知识范畴内，而不包括诸如特殊专业技能、生活技能等方面的知识。更需要强调的是，本书中的知识是指企业家所有已经积累或者获取的知识，这与企业家以后所具备的知识或者"智力资本"（Intellectual Capital）并不属于讨论的同一时间范畴。

本书的研究问题将界定为着重从个人层面的知识角度出发，包括从知识的获取方式角度来研究企业家异质性人力资本的形成，该问题也会涉及学术知识、创业从业经验知识、社会网络知识、管理实践知识以及个人和企业的特征变量对于企业家异质性人力资本形成的影响，讨论的重点仍然是知识对企业家异质性人力资本形成的影响。为了实现对于形成机制的深入探悉，在知识与企业家异质性人力资本形成过程之间，中介变量和调节变量会被进一步地讨论。

第二节 研究意义

在经济快速发展的背景下研究企业家如何在拥有知识的基础上实现企业家异质性人力资本的形成,无论从理论方面还是实践方面,无论从宏观还是从微观都有明显的意义。通过分析其内在机制可以得出适用于现代企业家发展的路径,研究结论可以为创业理论和实践领域所借鉴。

一 理论意义

研究企业家异质性人力资本的形成机制,首先是对异质性人力资本相关理论的深化发展。在对企业家的相关研究中,有古典主义中讨论企业家性质、企业家精神的高峰阶段,也有新古典主义中被认为是"静态的"和"被动的"低谷阶段,在新经济增长理论中,企业家这种异质性人力资本又被提上了一个新的高度。对于企业家的研究经历了几个世纪的发展,至今仍然具有旺盛的生命力,其研究的意义随着市场经济被普遍认同也显得越来越重要。因此,对于企业家异质性人力资本形成机制的研究在理论继承方面无疑具有重要的意义。

在近年来兴起的对于企业家创业机会识别、创业意愿、创业学习、创业导向、创业前瞻性、创业决策等方面的研究成为企业家研究领域的新热点。而这些主题却是企业家异质性人力资本形成过程与环节所涉及的因素,对于企业家异质性人力资本形成机制的研究也可以从一个整体而全新的视角统观、理清以上因素之间的关系。因此,对于企业家异质性人力资本形成机制的研究也可以对当前的研究给予整体的、全新的视角，并对当前的理论有进一步的发展。

同时，以知识作为切入点来研究企业家异质性人力资本的形成，也是对知识学习相关研究的延伸发展。已有的研究中，对于知识的测量检验，最多的是来自"专家—初学者"的对比，包括学术心理、商业领域等（Wagner and Sternberg，1986），也有对不同年龄人的知识进行检验的（Black and Glück，2005），但是对于企业家知识对于其创业异质性的形成，还没有相关的研究。因此，本书可以对于企业家的知识与企业家异质性人力资本的形成之间的关系进行深入的剖析，也是对于知识理论的进一步延伸。

二 实践意义

研究企业家异质性人力资本的形成机制不仅在理论上有深刻的意义，而且在实践中也有非常广泛的意义。

首先，在宏观层面上，企业家异质性人力资本的形成机制研究会对国家的创业政策导向有一定的影响作用。创业是国家经济发展的原动力，鼓励创业就意味着社会上会产生更多的就业机会，资金的流转会更快，进而促进社会的发展。对于这一点，国内学者张维迎也指出，在经济危机的情境中，扩大内需实际上就是要强调创业精神，强调企业家的作用。为了促进经济、社会的平稳发展，国家通常在保证经济社会发展的"源头"以及"尾端"有相应的政策，即创业政策和扶助弱势群体的政策。但是"源头"的政策要远远地优于"尾端"的补救，即创业政策的发展、企业家的培养是最重要的。进而，对于企业家异质性人力资本形成机制中的关键因素——创业认知的强调就会促进创业政策的发展。同时，企业家的"创业认知"所产生的巨大的隐性价值，使得社会对于一些由于经济问题而落马的企业家给予更为客观的评价和宽容的态度。

其次，研究此问题也会对人力资源的教育方面提供参考。Barro 指出教育将会永久地增加劳动力的效率（Barro R. J., 1997; Barro, 2001），他也指出人力资本推动来自领先国家的先进技术融合。进一步的，对于如何造就精英人士，如何造就企业家，整个社会、各个行业、各个企业甚至每一个人都在寻找正确的、快捷的途径。从高校的努力开始，针对有从业经验的高级管理人员进行的 MBA、EMBA 学位教育在国内外迅速发展，试图培养出具有创业精神的企业家。但是，书本的教育与企业家的形成并不成正比，同样的教育，发达地区与不发达地区的创业氛围迥异。此外，具有高学历的人才大量地流入政府、高校，远离实践界，这与国外情况恰好相反。据统计，美国超过一半的博士毕业生投入到创业大潮，在实践界创造财富，切实地将知识转化为生产力。这反映了易于书本化的学术知识教育对于企业家形成的微弱作用。因此，注重个人实践经验、注重社会网络的企业家发展路径才逐渐成为关注的焦点，知识的形成也成为企业家形成的必要前提。正如 Christopher 所说的："知识的创造和传播是人力资本发展的核心，因此，知识管理是获取竞争优势的关键点。"（Christopher M. Lucarelli, 2004）

再次，对于企业家的经济收入问题可以给予合理的解释。在目前经济发展实践中，企业家精神扮演着非常重要的角色，也是资本和财富积累、创新和产出增长的重要驱动力。在 20 世纪 80～90 年代，有大量的关于企业家精神的研究。其中，企业家个人的财富也是研究热点之一，美国的代表性人口调查（比如 SCF 和 PSID）指出企业家群体拥有超过 20% 的所得（Income），占总财富的 40%。根据 Moskowitz 和 Vissing - Jørgensen（2002）的研究，1990～1995 年，小企业创造了 75% 的新工作并雇佣了 50% 的劳动力。在中国，同样存在对于企业家高收入的质疑，因此才会有大量经理人股票期权的研究出现。但是，如丁栋虹（1999）所言，企业家异质性人力资本面临的困境之一就是企业家的财富积累与私有财产缺乏保护的困境。对企业家异质性人力资本的形成进行研究，可以深度剖析企业家所面临的特殊风险以及企业家特殊经历，进而对于企业家高经济回报给予合理解释。

最后，研究企业家异质性人力资本的形成机制在未来的工具化发展方面有重要的意义。解构企业家异质性人力资本的形成机制，就可以理解企业家与非企业家、优秀企业家与普通企业家的区别，并可以为预测企业家的成长提供依据。

第三节 研究目的和内容

本书的主要目的是分析从企业家知识到企业家异质性人力资本形成过程中的内在机制，揭示企业家形成的真正原因以及内核。剖析创业认知在企业家异质性人力资本形成过程中的关键作用以及风险倾向对于创业认知的调节影响。

基于知识的企业家异质性人力资本形成机制问题的研究需要解构为如下几个部分来理解。

第一，企业家异质性人力资本形成的标志。理解企业家异质性人力资本的形成，就可以理解企业家与非企业家的区别，以及优秀企业家以及普通企业家的区别。其问题的核心就在于到底什么样的人才是企业家以及优秀的企业家，而对此，学者们从18世纪至今一直有相关的讨论，只是具有不同的形式和不同的范畴。对于企业家的定义角度可以分为三种：第一种是从企业家的特质角度进行定义，古典经济学中对于企业家的"创新精神""风险承担"等角度来定义企业家与其他人的不同，进而才有了"企业家精神"一词的出现。第二种是从企业家的特殊作用来定义企业家。比如奈特、卡森就指出，企业家是在企业中做出决策的人（Casson，1982；Knight，1964）。而新经济增长理论指出异质性人力资本对经济增长起关键作用，这无疑从宏观层面对企业家的识别指出了方向。第三种是从企业家的职位角色对企业家进行定义。毛蕴诗将企业家与职业经理人之间的区别维度包括进了雇佣关系、创业与否、出资与否、承担企业风险、所有权与控制权、担任企业主管与否、创新功能等（毛蕴诗，2003）。而丁栋虹也指出企业家包括国有企业家、民营企业家等并指出其在组织中的职位特征（丁栋虹，1999）。另外还有学者指出企业家就是企业的创办者，在企业中的角色为董事长、总经理等。前两种定义企业家的方式是通过企业家的本质、内核来定义，而第三种定义企业家的方式是对于前一种的探索与发展，从表现形式来定义。因此，对于企业家异质性人力资本的形成，应该从以上三方面进行分析，并通过可测、可行的量表具体操作执行。

第二，知识在企业家异质性人力资本形成中的作用。知识的来源有个人的工作、生活经历，以及企业家的社会网络。很多企业家在具备企业家特质以及表现形式时并非是高学历的，也并非接受过很高的高等教育，而是个人的经验背景使他们成为企业家乃至成功的企业家。同时，目前国际上很多学者对MBA教育存在质疑，就是因为怀疑其对于企业家培养的有效性。可见，是什么知识显著影响企业家异质性人力资本形成是值得探讨的一个问题。

第三，创业认知在企业家异质性人力资本形成中的关键作用。知识可以促成企业家异质性人力资本的形成，而且每个人都有自己的知识，但是并非所有的人都成为企业家，也并非所有的企业家都能够持久地成为企业家并优秀于其他人。这就需要打开在知识促成企业家异质性人力资本形成过程中的"黑匣子"，分析企业家异质性人力资本的形成机制，发现能使企业家在形成过程中完成最后跃迁的最为关键的因素——创业认知——在不同人之间的差异。

第四，风险倾向在企业家异质性人力资本形成中的调节作用。对于风险倾向这一因素对创业决策行为的影响主要有两种观点，一种是认为创业者在风险上与其他人并没有明显差异，也就是说创业者的风险倾向对创业风险决策的做出并没有明显影响作用。另一种则认为创业者之间存在风险差异，风险倾向对创业决策存在影响。因此，对风险倾向对于企业家异质性人力资本形成过程中的作用进行分析也是本书的主要内容之一。本书将通过实证研究分析风险倾向对于企业家异质性人力资本形成中创业认知中介效应的影响，风险倾向是否会对创业认知的作用进行调节将被实证检验。

第四节 研究方法

管理学的研究方法融合了多种学科的研究方法,有数理研究方法,也有文字研究方法;有定性研究方法,也有定量研究方法。这些方法来自社会学、心理学、数学等各个学科,均根据不同的研究目的和理论而使用。从方法论角度来说,人们将管理研究方法论分为两大主要范式:实证主义范式和解释主义范式,如表1-1所示。

表1-1 社会科学方法论两种范式的区别

	实证主义范式	解释主义范式
基本主张	世界是客观的;观察者是独立的;科学不含个人价值判断	世界具有社会性和主观性;观察者是被观察对象的一部分;科学是被人们的兴趣推动的
研究应该	关注事实;寻找因果和基本规律;将现象简化成简单的因素、形成假设,然后验证它们	关注事件的意义;试图理解现在正发生什么;观察每种情势的总体状况;通过数据归纳意义
优先方法	使用便于操作的概念,以便能够测量;往往采用大量样本	运用多种方法形成现象的不同观点;小样本、深度的长时间调查

资料来源:Easterby-Smith et al., 1991, p.27。

在研究的前期阶段,通过对既有理论的分析和总结可以对研究题目的历史渊源和发展趋势进行把握,得到基本的规律性认识。在这个阶段只有具备逻辑推理和思辨,才能得出基本的理论框架。

在经过了理论的分析和文献的搜集整理之后,实证部分必不可少。实证研究主要回答"是什么"的问题,遵循的是"如果，就怎么样"的逻辑，如果一个命题是正确的，则它必然在逻辑上也是成立的（张旭明、王亚玲，2008）。换言之，实证研究是选择某理论为解释基础，就研究的问题提出假设或假说，然后用数据对提出的理论观点进行证明。实证研究可以是证实研究，也可以是证伪研究。而目前研究中，大多数的实证研究是指证实研究。参考管理科学的研究方法（如图1-1所示），本书将根据研究需要以大样本实证为主采取多种研究方法交叉使用方式。

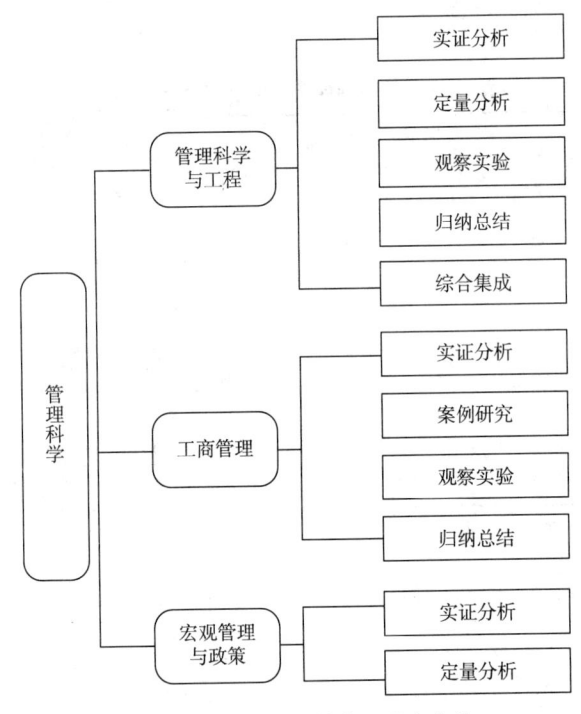

管理科学
- 管理科学与工程
  - 实证分析
  - 定量分析
  - 观察实验
  - 归纳总结
  - 综合集成
- 工商管理
  - 实证分析
  - 案例研究
  - 观察实验
  - 归纳总结
- 宏观管理与政策
  - 实证分析
  - 定量分析

图1-1 管理科学的主要研究方法

1. 案头研究

案头研究主要是在研究目的和研究内容（问题）指引

下，对国内外相关文献和资料进行比较全面的检索、阅读、归纳、总结和提炼，在此基础上形成论文的理论框架和假设，寻找有关变量的测量量表，为进一步的实证研究提供理论基础。

本书的文献资料主要来源包括：①复旦大学图书馆。主要数据库包括 EBSCO、Blackwell、Emerald Management Xtra、JSTOR、ProQuest 和中文的 CNKI；"谷歌"（Google）学术搜索。搜索内容围绕"人力资本""创业××""企业家""企业家精神""企业家学习""知识"等词汇搜索异质性人力资本、企业家、知识等相关国内外有关企业家网络和学习的理论和实证研究文献。②罗格斯大学（Rutgers University）的图书资源。主要包括知识、人力资本、企业家的图书资源以及 EBSCO、JSTOR 电子资源。

2. 实地访谈

访谈研究方法就是通过对典型案例进行调查、研究、分析、概括、总结而得出结论的过程。从哲学范畴上说，访谈研究方法属于解释主义的范畴，通过对相对小的样本进行深度调查，归纳、总结现象背后的意义和基本规律；从论证方法角度看，访谈研究是一种通过实地调研进行的实证研究。

在研究问题的提出阶段，对企业家进行面对面的访谈以了解研究问题的现实意义以及重要程度，通过对企业家的访谈可以对研究问题进行进一步的锤炼和修正。此外，为了对案头研究所开发的量表和问卷进行修改补充，对一些企业家进行深入访谈并了解其创业过程，有助于对于案头开发的量表问卷进行实践检验并对其进一步完善。

3. 统计研究

大样本统计分析实证研究的一般步骤是：①研究问题的提出；②确立研究目标；③文献资料的获取；④确定研究的理论出发点；⑤界定相关概念，并根据研究问题结合相关理论提出假设；⑥制定实证方案；⑦决定抽样方法和样本容量；⑧进行小样本预调研；⑨根据小样本调研结果调整相关的实证方法和问卷设计；⑩进行实地调研；⑪数据清理；⑫数据分析；⑬假设的检验；⑭研究结论和讨论；⑮进一步的研究问题。具体研究方案制定时，要选取定性或者定量的研究方法，包括案例研究、文献研究、大样本调查等，而在调研数据取得之后，应采用相应的处理软件进行数据的分析和假设的验证。调查方法包括了问卷访谈法，并用电子邮件、面对面方法、滚雪球发放法进行问卷的发放。

本书在统计实证部分将采用问卷调查法进行数据收集，并用Stata软件、SPSS软件、AMOS软件、SmartPLS软件结合进行数据的清理和分析工作。在分析中通过描述性统计和回归分析、结构方程模型检验假设模型。

第五节　本书的结构安排和研究的技术路线

本书的结构安排如下。

第一章提出研究的问题，并对问题的起源、研究背景和研究价值加以阐述，描述研究内容，指出研究方法。

第二章通过对企业家理论和企业家异质性人力资本理论的回顾，为理解企业家、企业家的本质和企业家异质性人力资本的界定和本质打下基础。此外，还对知识管理的相关文献进行回顾，整理分析知识的作用、分类和相关的经验研究，对于企业家的知识的概念界定打下基础。

第三章根据已有文献和理论对于关键变量进行界定和解析，包括企业家异质性人力资本、知识、创业认知和风险倾向，进一步地对知识和企业家异质性人力资本之间的关系进行假设的提出。

第四章针对假设进行问卷的设计和小样本测试，问卷量表包括了企业家异质性人力资本、知识、创业认知、风险倾向和控制变量的问项设计，通过小样本测试检验问卷的信度效度。

第五章进行研究数据的收集与描述性统计分析。包括数据收集、抽样方法和问卷发放和回收情况、数据清理和数据的描述性统计分析、探索性因子分析，以及验证性因子分析等内容。

第六章是研究假设的检验。包括单因素方差分析、整体测量模型的信度和效度检验、通过基于偏最小二乘法的PLS结构方程模型对创业认知在以学术知识、社会网络类知识、创业从业经验类知识、管理经验类知识为组成要素的企业家知识和以自治、创新、风险承担、前瞻为构成维度的企业家异质性人力资本之间中介效应进行检验，通过基于最小二乘法的多元回归分析对风险倾向在创业认知与企业家异质性人力资本及其自治维度、创新维度、风险承担维度，以及前瞻维度之间的调节效应进行检验。

第七章为研究结论与展望。对研究结论进行阐述与解释，指出论文研究局限性及未来待改进和进一步研究的地方。

本研究的技术路线图如图1-2所示。

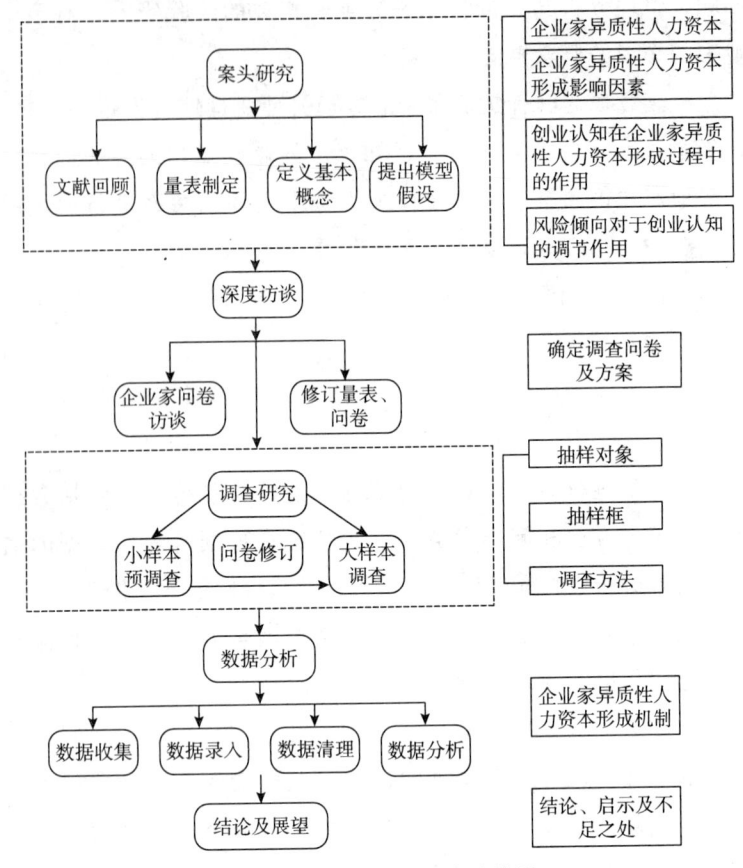

图 1-2　本研究的技术路线图

第二章
相关理论与文献评述

在基于知识的企业家异质性人力资本形成机制研究中,需要回顾异质性人力资本的理论渊源并发现企业家异质性人力资本的实质和内核所在,同时进一步回顾知识在其形成过程中所发挥的作用。

第一节 企业家异质性人力资本研究理论回顾

对于企业家的研究始于对资本的研究,这最初隶属于经济学范畴,其最显著的意义在于对经济发展的促进,同时对于企业家微观个体层面的关注也成为一个更具体、更具操作化的研究方向。理清企业家概念层的理论是理解企业家异质性人力资本的相关概念的基础。

一 企业家异质性人力资本的理论渊源

企业家最本质的特征就是创新、冒险等,而这些又是区别于其他人力资本的根本特征,以下从经济学和管理学角度对企业家相关理论进行回顾,并给出企业家概念的界定。

1. 经济学中的企业家人力资本理论

William Petty 早在 1676 年就把作战中的军队、武器和其他军械的损失与人类生命的损失进行了比较,这一般被认为是首次严肃地运用了人力资本概念。1776 年,亚当·斯密在《国富论》中区分了四种固定资本,但是他指出"一个社会全体居民或者成员所具有的有用的能力"是每个人身上的固定资本,这种个人能力是社会财富的一部分,而且可以为社会创造出更大的利润。因此,《国富论》把工人技能的增强视为经济进步和经济福利增长的基本源泉。之后,经济学家致力于人力资本价值收益的测算,并强调教育、经验学习对于人力资本积累和技能发展的重要作用。

根据 Casson（1982）的《企业家》一书,"企业家"（该词的英文译法多种多样,被译为"商人""冒险家"或"雇主"）这一术语由康替龙引入经济学理论（Cantillon, 1931),但最早赋予企业家突出重要性的是萨伊（Say, 1803), John Stuart Mill 在英国推广了这一术语（Mill, 1874）。

Casson 从企业家的功能角度来定义企业家:专门就稀缺资源的配置做出判断性决策的人（Casson, 1982）。此外,企业家的决策受到文化、宗教以及直接生活几个能力的影响,这样就造就了不同的企业家行为。但是只有能够预见变化并正确预测其后果的企业家才有获得大量利益的机会。

在新古典主义理论中,企业家的作用是静态的和被动的,完全信息和完全市场会进行一切必要的协调,无须企业家的干预（Baumol, 1968）。如 Schumpeter（1934）认为企业家是经济发展的带头人,其作用在于创新,或"实现新的组合"。实质上,Schumpeter 所谓的企业家发挥的是管理或决策的作用。哈耶克(1937)和 Kirzner(1979)强调企业家在获取和使用信息方面的作用。Knight(1964)认为,风险带来不确定性,而在这种情况下企业家做出决策进而带来利润(这和工资不同)。企业家承担风险,也必须自己承担决策的全部后果,他们是工商企业业主,而不是负责日常决策、领取薪水的经理。

在近年的经济学对于企业家人力资本的研究中,大量的研究集中于人力资本的投资与回报方面,其研究主要包括:收入、年龄与技能的关系;失业率与技能的关系;不同发展阶段的国家对待员工的不同风格;年轻人与老年人在获取工作机会方面的不同;不同层次技术人员的收入分配是不同的;有能力的人将会得到更多的教育和培训机会;劳动分工受限于市场的范围;人力资本的投资者往往是更严格的,也往往比普通的投资者更容易犯错。此外,经济学也从经济增长角度分析人力资本对于经济增长的促进作用(Barro,1997)。

国内学者对企业家异质性人力资本理论的研究是从20世纪90年代初开始的。从经济理论上分析的有汪丁丁、张维迎、周其仁、方竹兰、李宝元、冯子标等人。他们对这一课题的研究方向主要集中在以下几个方面:①异质性人力资本的性质问题,包括从企业契约理论和委托—代理理论角度探索企业人力资本剩余索取权与控制权的实现以及从马克思劳动价值理论角度寻找人力资本的理论源泉;②异质性人力资本的定价问题,包括人力资本股权化、通过企业绩效和报酬敏感性分析建立人力资本定价模型(张丹、孙媛媛、张琼,2006)、采用布莱克—斯科尔斯的期权定价模型进行人力资本股票期权定价、通过博弈模型从雇主和员工双方博弈决定人力资本的均衡价格、从资本资产定价模型来推导人力资本定价模型等。

总体而言，在经济学的视角中，企业家异质性人力资本的定位是经济发展的支柱之一，他在经济发展中起着非常关键的作用，其显著的个性是冒险、创新，而其对于经济的促进作用又是通过其决策者角色或者信息获取的角色来实现。对于其存在的解释，则是企业与企业家之间的委托—代理关系。对于企业家异质性人力资本的作用衡量，则更多地聚焦在了企业家的会计定价模型确定。经济学这一系列对于企业家异质性人力资本的研究最大的贡献在于肯定了企业家异质性人力资本在经济发展中的巨大贡献，为之后的研究奠定了理论基础。随着管理学的发展，就有了更多的研究从更微观、更深入的角度剖析企业家在创业领域内的作用。

2. 资源基础观中的人力资本理论

人力资本是可以被定义为个人经过一定时间的积累拥有的一系列有价值的技能（Burt，1992）。人力资本是经济发展的关键因素，对人力资本的投入可以使经济增长产生边际递增的效应。从公司的层面来讲，人力资本也是公司的独特资源。拥有特殊的人力资本能够使得公司获得核心竞争力和持续竞争优势，使得公司能够在市场竞争当中赢得市场份额。

公司资源基础观表明，一个公司要获取持续竞争优势必须拥有特殊的资源和固定形式的资源（Barney，1989；Conner，1991；Dierickx and Cool，1989；Peteraf，1993）。通过"特殊"资源的概念扩展（Penrose，1995），资源基础方法将公司视为有形资产和无形资产的集合，这些资源用来获取竞争优势（Barney，1989；Barney，1986；Barney，1991；Conner，1991；Peteraf，1993；Rumelt，1984；Wernerfelt，1984）。资源是公司的属性特征，它使得公司能够实施战略以达成竞争优势（Barney，

1991；Hitt and Ireland，1985），具体包括物质的、人力的和组织的资源。无论资源是否指战略资源（Barney，1986）、无形资产（Itami and Roehl，1987）、战略资产（Dierickx and Cool，1989）、核心竞争力（Prahalad and Hamel，1990）或者无形资源（Hall，1992），假设仍然是公司必须持续获取或者发展异质性资源来获取经济租（Barney，1989；Conner，1991；Dierickx and Cool，1989）。

为了获得持续的竞争优势，资源必须是有价值的，稀缺的，难以模仿的和不可替代的（Barney，1991）。当公司的资源是有价值的、异质的、不易获取，但仍是可实现的目标时，就能获得暂时的竞争优势。Dierickx 和 Cool（Barney，1989；Dierickx and Cool，1989）以及 Amit 和 Shoemaker（1993）指出公司通过发展难以交易、转换、模仿、复制的资源来获取竞争优势。

Penrose 将资源的定义由有形资源比如劳动力、土地和资本扩展到了无形资源比如管理技术。将这种资源定义为"这些有形的和无形的资产是半永久性地属于公司"，Wernerfelt（1984）在这种扩展的资源观基础上讨论了资源在什么情况下能在长时间内导致高的回报。他的结论也成为当今普遍接受的观点，即公司的资源通常包含物质的或者有形的资源，比如生产技术，车间和设备，地理优势和原始材料，以及人力和无形资源，比如教育，经验，决断，远见和公司员工的智慧。Becker（2000）将人力资源形成定义为"通过增加人力资源来影响未来资金收入的活动"。当人力资源组成组织，一些研究人员将组织资源定义为一种人力资源。然而，组织资源可能被视为组织形式的选择或者可被公司接受的内部规则，包括公司的报告结构、内部系统、形象和声誉，以及成员之间的关系（Tomer，1987）。Tomer（1987）提出的活动谱系中，一端是关注组织资源，一端是关注人力资源。公司中最重要的资源就是人力资本，因为公司的许多无形资产都由人内含，人对信息进行承担和转化来满足战略的匹配（Itami and Roehl，1987）。

更多的研究者同意专业的、特定的知识是价值的来源。当这种知识为企业中的成员所获有，那么企业就会获得超越竞争者的竞争优势。公司能够利用员工所拥有的这些特有知识取得瞩目的绩效，然后发展成为公司特有的竞争能力（Henderson and Cockburn，1994；Kogut and Zander，2003）。

人力资本是公司的重要资源，但是又不同于人力资源。两者之间的区别主要表现在：①人力资源是一个大概念，它包含了人力资本概念。人力资本概念所涵盖的主要是人力资源的质量部分，且主要是人后天习得的能力与素质。②人力资源素质或者质量成分中包括先天因素，主要是生理素质，但是人力资源质量差别的主要原因是后天人力资本投资差别所致。人力资源开发的主要形式是人力资本投资。③人力资本概念主要是一个经济学概念，人力资源概念是一个管理学概念（朱必祥，2005）。

同物质资本一样，人力资本是企业独特竞争优势的来源，是不易被模仿、被替代的稀缺资源，尤其是拥有独特知识的人力资本更是企业中的独特资本，它能够为企业赢得持续的竞争能力。除此之外，公司人力资本还具有与普通的资本不同的特征，这些特征如表2-1所示。

表2-1 人力资本与其他普通资本的区别

公司的人力资本	其他普通资本
可再生	不可再生
无形	有形
社会性	非社会性
经济收益+社会收益	经济收益
边际收益递增	边际收益或增或减

3. 企业家的界定、内涵和表现形式

在企业家异质性人力资本的定义方面,不同的学者有不同定义角度。在本书样本选择方面,Collins英语词典中对企业家的定义为"商业企业的所有者或者管理者,承担风险的并主动的,试图获取利润";新帕尔格雷夫经济学大辞典(1996)中对于企业家的供给归纳为"从体力劳动和非企业家的决策工作(即日常管理)中转移出来的人员,从失业和闲暇状态中转移出来的人员,还有企业家从国外的净迁入"。Meredith等(1982)对企业家的定义为"有能力发现并评估商业机会,集中必要的资源并利用他们,采取适当的行动保证成功";Camilo Hernan Mondragon从知识角度定义了企业家这种异质性人力资本,接受较少教育的企业家经营还在起步的技术和企业(即"低技术企业家"),接受较多教育的企业家经营有较高成长潜力的更为复杂的技术和商业(即"高技术企业家")(Camilo Hernan Mondragon,2007)。

Kirzner也曾从感知、机会识别的角度对企业家进行过界定:"利益的引诱会引导企业家发现这些机会并追寻它们,经过竞争创业过程,资源在均衡中被重新分配。"(Kirzner,1979)在对企业家进行定义时,有些学者将企业家等同于小企业(Gibb,

1996) 和业主管理 (Owner‐management) 和自我雇佣 (Self‐employment) 的概念。然而这是太过简单的定义，企业家的定义要比这个内容宽泛得多。并不是所有的业主管理都是企业家，也不是所有的小企业就是创业型的，同样也不是所有的大企业就是非创业型的 (Kirby, 2004)。企业家应该是承担风险者以及之后让事情发生、做事情的人，所以他的身份可以被认作变化的代理人。在这种能力之下，他不仅为公司工作，也为大的组织所雇佣，这种组织经常是私人部门，但是逐渐具有公共性和志愿性 (Kirby, 2004)。所以，Timmons 的概括可能更为接近："企业家精神是从现实中'无'的状况创造和建立一些东西的能力。它是发起、进行、完成和建立一个企业或者组织，而不是仅仅观看、分析或者描述一个。它是感知一个机会的智慧，而别人却只能看到嘈杂、矛盾和混乱。"(Timmons, 1989)

对于企业家的真正内涵，Kirzner 的分析似乎更为清晰 (Kirzner, 1979)。他在《认知、机会和利润》一书中分析企业的创业过程时，对企业家的角色定义为一种在利润驱使下寻找机会、重新配置资源的个体。企业家和资本家不同的地方就在于，资本家在生产过程中的角色来源于他对于资源的所有权，他也乐意允许自己的资源在经济过程中被扩展；而企业家则知道这些资源如何能够被配置好，这是资本家所不知道的。因此，企业家能够感知到机会并抓住机会使得资源能够被重新合理配置。进一步的，Kirzner 在分析企业家精神的内核的时候，认为认识到企业家的创业警觉是非常有用的 (Kirzner, 1985)。在这里，企业家的创业警觉不是看到现有的机会，而是能发现未来的机会所在，特别是能创造未来的一些机会。在 Kirzner 的理论中，企业家的警觉也可以理解为一种感知，感知到机会的存在从而进行创业活动。Kirzner 将创业活动定义为四种：从现有商品的差价中进行套现的活动；从商品现在和未来差价中谋利的投机活动；创造新产品、新方法、新组织的创新活动；感知机会的警觉活动。总而言之，在 Kirzner 的研究中，强调了企业家对于机会的感知和识别，这也是其区别于其他人力资源的关键特征。因此，企业家的真正内涵在于其识别机会、利用机会的行为特征。正是这种特征的存在，使得企业家精神可以转化为真正的创业行动，并由此创造出企业绩效。

从企业家的表现形式来看，有的学者从管理学角度出发，认为企业家可以分为创新者、新的设计者、领导者、新企业家、发起人、冒险家（Kirby，2004）。有的学者从社会学角度来分析中产阶层的构成（Scase and Goffee，1982），从而将企业家、高管层、普通管理者、专业人员、技术员工进行了详细的划分（见表2-2）。在该分类中，具有创业性质、企业家精神性质的人包括了生产性资产的活跃资产阶级和小型的生产性资产的活跃资产阶级。

表2-2 中产阶层的分类

	创业的	被雇佣的
已建立的	生产性资产的活跃资产阶级 （A）所有者-指挥者（Owner - directors） （B）所有者-控制者（Owner - controllers）	管理者，专业人员和高质量的技术员工
边缘的	小型的生产性资产的活跃资产阶级 （A）小雇主（Small employers） （B）自我雇佣（Self - employed）	低等级的管理者，专业人员，技术热暖和日常的非体力的员工

在企业家精神研究领域中，对于企业家和职业经理人的理论区分标准在不同的侧面有不同的讨论，这对于企业家精神研

究的各个环节都是非常重要的。Stewart 通过文献分析研究了企业家和管理者在成就动机方面的不同，结果表明企业家比管理者有更高的成就动机，而且这些差异受到企业家的风险目标、样本来源（美国或者其他国家）、工具的使用等因素的影响（Stewart and Roth，2007）。当分析限制到风险创立者，企业家和管理者的成就动机之间的差异就更加大了。从创业角度来看，企业家在开办自己企业之前，更有可能是管理者。企业家和管理者之间虽然有很多的共同点，比如工作高度复杂，领导员工和任务，他们都有很高度的责任感和自治等，但是，企业家则比管理者有更高的前瞻性、自治性、创新性、竞争侵占性和成就需要（Utsch et al.，1999）。表 2-3 详细描述了企业家和职业经理人的区别。

表 2-3 企业家与职业经理人的区分

	企业家	职业经理人
所有权	占有企业所有权	不占有或者部分占有
风险承担	承担经营风险	承担部分或者不承担经营风险
获取企业利润	分享	部分分享
激励动机	自我实现需要	薪酬激励
人力资本	自治、创新、风险承担、前瞻	创新、管理技能、专业技能

根据以上对于企业家的界定以及内涵、表现形式分析，本书对于企业家的界定如下：企业家就是拥有企业所有权，承担企业的大部分风险，分享企业收益，对企业具有经营权和管理权的人。

二 企业家异质性人力资本的内涵

人力资本是可以被定义为个人经过一定时间的积累拥有的

一系列有价值的技能（Burt，1992）。人力资本最重要的特性就是内植于人（Becker，1993a）。企业家利用他们的人力资本来提升组织的利益。人力资本是经济发展的重要因素（Novak and Bojnec，2005）。获得人力资本可以帮助个人行为提升至一种新的方式（Coleman，1990）。当新经济活动中的盈利机会存在时，拥有更好人力资本的个人应该能更好地识别和发展机会。

Deniz Ucbasaran 讨论了普通人力资本和企业家异质性人力资本的区别（Ucbasaran et al.，2008）。Deniz Ucbasaran 指出，普通人力资本可以由教育和工作经验体现。教育是获取知识、技能、纪律、动机和自信的主要来源。工作经验可以帮助整合和积累新的知识，它也可以帮助个人适应新的环境。工作经验和开办新公司往往联系在一起。而具有企业家精神的人力资本则特殊在其创业的经验和个人能力上。

因此，企业家异质性人力资本是一种能使边际收益递增的人力资本，也是一种拥有独特知识的人力资本，他们的人力资本体现在其创业方面显著的创新性、风险承担性、自治性、前瞻性方面，这些是他们独特的资本，这些资本的投入可以产生边际收益递增的效应，而这种效应是普通的员工、其他专业技术人员所欠缺的。企业家异质性人力资本的形成更多地源于其经验、社会网络、日常的管理实践等方面，企业家这种形成的途径也是不同于其他一般人力资源的独特之处。

三 国外对于企业家异质性人力资本的经验研究

在国外对于企业家异质性人力资本的研究中，大多是研究企业家与公司之间的关系，而对于企业家异质性人力资本的前向关系研究并不多见。在研究企业家异质性人力资本与公司的关系当中，企业家的人力资本被看作教育、经验、个人特征、个人背景的各种因素的综合体，而这些因素同时又被其他文章作为人口统计指标来看待。因此，不同的文章对于企业家的什么特征促进了企业的成长有不同的观点和认识，出发点不同，理论不同，结果也有所差异。但是，基本的研究趋势和结论有如下几个方面。

（一）企业家和职业经理人的差异

企业家和普通的职业经理人之间的确存在很大的差异，具体体现在创业精神方面。研究表明，企业家和管理者在创新、自治、竞争侵占和成就导向方面有很大的差异（Utsch et al.，1999）。这也是企业家异质性人力资本的体现，是促进公司绩效的核心所在。

（二）企业家异质性人力资本和公司的成长

Massimo G. Colombo 等研究了企业家异质性人力资本与新技术公司的成立规模之间的关系（Colombo et al.，2004）。他们研究了新技术公司成立规模的决定因素，主要关注了成立者的特质，即他们的人力资本。作者抽取了391家年轻的意大利高科技公司，这些公司从事制造业或者服务业。计量检验结果显示了建立者的人力资本与公司成立规模之间的显著关系。此外，人力资本中与行业专业知识和管理、创业经验相联系的特殊部分比其他因素（比如教育和一般工作经验）更能影响初创公司的规模。

而更多的研究是偏向于企业家异质性人力资本和绩效之间的关系。关于企业家异质性人力资本的影响，有些学者认为，人力资本对于公司的竞争优势有很大的贡献，因为它是非常难模仿的。所以，对于公司特殊人力资本的投资会对公司绩效有非常显著的影响（Hatch and Dyer, 2004）。还有学者研究风险投资公司高管层的活动与绩效之间的关系，探索了风险投资公司高管团队的教育和行业经验，并调查分析了这两个因素与投资绩效（投资的公司公众化还是破产）的关系（Dimov and Shepherd, 2005; Dyke et al., 1992）。该研究发现，拥有 MBA、或者法律专业人士以及从事过咨询行业工作的高管团队比较容易投资成功的企业，而如果拥有科学专业人士和人类学专业人士的高管团队则比较容易投资失败的企业。

还有学者研究了企业家的经验与企业绩效之间的关系。Dyke 等关注企业家的经验对于企业家精神和创业绩效的影响，他们的研究检验了五个不同行业的创业者的经验对于公司绩效的影响（Dyke et al., 1992）。他们在研究中检验了七种经验，结果表明在所有的行业中，先前的管理经验、行业经验和创业经验与绩效之间有正向的相关关系；而家庭经验和教育经验则相对不重要。剩下的两种经验（是否目前所有者开办或者购买企业以及是否所有者有合作伙伴）的影响在各行业中有所不同。研究讨论了行业内部的发现，这对于贷方、政策制定者、教育者、研究者和商业主有所启示。

除了研究企业家异质性人力资本与公司的创立、公司的绩效之间的关系，企业家异质性人力资本与公司的寿命也成为研究题目之一。Bates 通过对美国范围内在 1976~1982 年进行自我雇佣的男性企业家进行随机抽样调查，并检验了小公司的寿命。结果表明，受过更高教育的企业家更有可能创建公司，而且这些公司到 1986 年仍然在经营（Bates, 1990b）。进一步的，所有者的教育背景是决定创建小公司的财务资产结构的影响因素。尽管财务资产是内生的，但是在创建时拥有更多的财务投资的公司在存活的企业中总是具有代表性。公司杠杆对于描述不能存续的企业却显得微不足道。开办企业依赖负债资产很明显与风险失败提升没有关系。

(三) 企业家性别与企业贷款关系

Buttner研究了女性企业家是否因为性别而影响到贷款(Buttner and Rosen, 1988)。他在研究中提到了企业家的几种特质：领导力、自治、风险倾向、准备变化、耐力、缺乏感情主义、低的支持需求、低一致性、善于说服。结果表明对于成功企业家才有的这些特质，贷款部的官员认为男性具有更多，而女性则相反。这也表明了女性企业家在保护工作资本的时候会遇到很多困难，在贷款的时候，性别的刻板效应的确是存在的。研究进一步地讨论了到底贷款部官员在贷款时会在多大程度上受到性别刻板效应的影响。从银行的角度而言，为贷款官员进行培训以避免在评估新的企业建议书时落入性别刻板效应是非常重要的。同样，警惕女企业家在贷款申请面试时抛弃传统的性别刻板效应也是非常重要的。

四 国内对于企业家异质性人力资本的经验研究

国内的企业家异质性人力资本研究则包括了企业家异质性人力资本的前向和后向研究，即企业家异质性人力资本是如何形成的和企业家异质性人力资本的形成对企业成长的影响关系。

(一) 企业家异质性人力资本与企业成长性

国内学者以中国民营科技上市公司的资料数据为基础，实证检验了科技型企业家异质性人力资本与企业成长性之间的关系，尤其是企业家的经验和社会网络对于企业成长的显著作用(缪小明、李淼，2006)。结果表明，企业家年龄与公司成长呈现负相关关系；企业家任期的年限、管理经验和社会网络关系与公司成长呈现显著的正相关关系；企业家所学专业为经济、管理类以及在工作经历中积累的技术专业经验与企业成长存在微弱的正相关关系；企业家团队规模与公司成长之间存在显著的二次曲线关系；企业家的学历，曾经所学的专业为理、工专业，企业家来自高校的项目经验以及企业家声誉与公司成长未呈现任何相关关系。

(二) 企业家政治身份与企业融资

企业家的政治身份是企业家异质性人力资本的重要组成，胡旭阳提取了浙江省2004年民营百强企业为样本，通过研究民企创始人政治身份与民营企业进入金融业可能性之间的关系，发现了在中国金融业进入受到政府管制的情况下，民营企业家的政治身份通过传递民营企业质量信号降低了民营企业进入金融业的壁垒，提高了民营企业的资本获得能力，促进了民营企业的发展（胡旭阳，2006）。

(三) 企业家异质性人力资本形成途径

国内学者研究企业家异质性人力资本时大多会考虑制度支持和制度安排（江三良，2006；郁婷，2006）。企业家异质性人力资本一方面是生物遗传因素决定的智力、情商等，有些学者称之为天赋，另一方面则决定于对人力资本的投资，包括参加培训课程、"干中学"等（郁婷，2006）。另外学者也很强调企业内外部的制度安排对于企业家异质性人力资本形成的影响。良好的激励约束制度、完善的市场机构与充分的市场竞争、良好的社会风气、国家政策的鼓励都可以促进企业人力资本的形成。

钱士茹等对于企业家异质性人力资本的供给机理做了实证

研究，通过深入访谈合肥、无锡和温州13位成功经营的企业主要负责人，了解了在不同的定位阶段，学历、背景、政治身份、政策背景等因素对于企业家异质性人力资本供给的影响（钱士茹、凌飞、顾敏，2007）。结果表明，企业家异质性人力资本供给，受企业家"定位前"人力资本原始积累的基本影响，但取决于企业家"定位中"与"定位后"人力资本持续变动的"有机构成"。在此两阶段，特定的组织场景逐渐"嵌入"企业家"心智模式"，由此生成企业家"背景趋向型人力资本"，进而驱动企业家进入"适应性学习"过程。由这类企业家主导的企业有能力实现成长的持续性。

（四）企业家异质性人力资本管理

刘萍萍认为，创业企业的绩效主要源于创业企业家的能力水平及其生产性努力，创业企业家异质性人力资本对于投资的成功至关重要（刘萍萍，2005），刘萍萍以创业企业家为研究对象，探讨了创业企业家的人力资本特性，并基于这些特性提出了对创业企业家的人力资本激励：绩效的股份调整、分阶段投资、可转换优先股、剩余索取权、股票期权、声誉等（刘萍萍，2006）。

五 企业家异质性人力资本研究的评述

对于企业家异质性人力资本的形成，尚未形成成熟的观点和理论。在研究企业家的特殊性时，不少研究关注的是企业家的"成功"，或者"成功"的企业家。在对其成功之处进行分析或者测量时大多采用企业的绩效指标或者企业经营存续的时间。这样的指标直接地体现了企业家对于企业的发展、企业的战略决策的影响，间接地体现了企业家异质性人力资本的价值，但是在表达和界定企业家异质性人力资本方面存在模糊性，仅以"成功"这样的模糊词语对其进行界定在理论上仍然是不透彻的。

在对企业家异质性人力资本的特征研究中，也存在一些误区，比如通过个人的态度或者性格倾向来区分企业家与非企业家，而不是从企业家精神的内核本质来区分（Robinson et al., 1991）。这样简单地对企业家和非企业家的表面特征进行区分并没有从根本上分析企业家与非企业家的特性，是一种对企业家精神和个人心理特征的混淆。另外一方面的误区体现在将企业家的形成原因，比如学术知识、经验知识等方面等同于企业家异质性人力资本，进而将企业家的经验年限等方面与企业成长做相关关系的研究，这在实质上并未分析到影响企业成长的企业家特征。甚至还有一些研究将企业家异质性人力资本等同于企业的发展，测量企业家异质性人力资本时拿企业绩效这样的指标来衡量，以体现企业家的价值。

虽然在企业家精神、创业领域的研究中，学者对于企业家异质性人力资本的研究标的不同，但是总体的目标都与企业家独特的作用和特殊地位有着密切的联系。无论是研究企业家的外显层，例如性别、年龄、工作时间等，还是研究企业家的个性层，包括态度、性格、管理风格等，都是试图解释企业家在创业方面的独特性。具体而言，对于企业家的研究包括了以下几个方面。

第一，企业家的角色特殊性。企业家在创业地位、职位表现、职能作用方面都很特殊，这些研究也表明了企业家在人力资本方面区别于企业中的普通职业经理人、技术专业人员以及普通员工的地方。究其特殊性的本质，就在于企业家的创新冒险特质,这在历来的文献中已经有深刻的体现。由于这种特殊性,企业家在企业中的职位也必定是特殊而关键的。这类研究在实质上就是研究企业家异质性人力资本是什么的问题,但是众多的研究从不同的视角有不同的观点。但是从经典的文献中可以得出基本的判断:企业家异质性人力资本是以"创新"为核心而辐射的几维因素。

第二,企业家的作用特殊性。在相关的研究文献中,对企业家与企业绩效或者企业成长之间的研究占了很大的比例。有的研究是关注企业家与创业,有的研究关注企业家与企业的绩效,有的研究关注企业家与企业的持续时间之间的关系。所有这些研究也都表明,企业家异质性人力资本在促进企业成长甚至于经济发展方面都有着重要而显著的作用。这也回答了企业家异质性人力资本为什么具有特殊性的问题。

第三,企业家异质性人力资本特殊性的成因。大量的文献研究企业家年龄、性别、家庭背景、在兄弟姐妹中的排行、受教育程度等等对于企业家创业的影响,这些都是从人口统计学角度出发探索企业家异质性人力资本的不同之处。也有研究从企业家的智力商数、情感商数甚至管理商数出发研究企业家与普通职业经理人的不同,这样的探索在对企业家异质性人力资本的理解上是更为深入的。仔细地分析可以发现,各种商数就是各种知识多寡的数值体现,反映的是企业家拥有的知识种类和数量。但是这并不是回答企业家异质性人力资本是什么的问题,而是反映了人力资本如何形成的问题。

综上可见,企业家异质性人力资本的研究虽然只有部分以人力资本研究的题目出现,但是的确渗透在创业领域相关研究的各个方面。从企业家异质性人力资本是什么、为什么,以及如何形成方面都有可以借鉴的理论和文献。这些文献根据各自理论基础的不同有相似的观点，也有相悖的观点，且不同的观点分布在不同的研究层面上。对这些理论和研究的仔细回顾和分析，对于本书中企业家异质性人力资本的概念界定和影响因素分析有着非常重要的作用。

第二节　知识在创业领域相关文献回顾

一　知识的重要作用

知识对于建立企业的独特竞争能力有着非常重要的作用，而其作用得以实现的载体就是个人。对于知识的重要性，历来有大量文献进行阐述。

从实践角度而言，从工业时代到信息时代的转变过程中，信息代替了物质产品和货物，成为竞争优势的驱动力（Hansen et al.，1999；Kanter，1999）。很多战略管理的文献研究从知识基础观的角度看公司（Nonaka and Takeuchi，1995；Spender，1993）。随着超竞争的发展和产品生命周期的缩短，竞争优势越来越多地被认为是知道如何去做事情，而不是有特殊的资源和市场，知识便成了核心竞争力的基础。如果一个公司个人的知识能够在公司内部扩散，那么公司就具有了竞争优势，而如果在公司外部扩散，则使得公司成为行业的榜样（Lubit，2001）。

从知识作为公司的一种独特资源的角度来看，知识往往是难模仿、难交易、难替代的，因此更容易保护。所以，知识对于我们的绩效产生更大的影响，对知识进行先进的管理也是一种难以模仿的竞争优势。

波兰尼在研究知识时特别指出隐性知识的重要性：①隐性知识是解决某个问题的知识的根据；②对于科学家追求它的能力很重要，而这是由他得到问题的结论的认识指导的；③预期对于最终的发现有未确定的意义（Polanyi，1966）。波兰尼对于隐性知识的阐释着眼于科学和未来，为之后的隐性知识研究奠定了理论基础，也是知识管理中最重要的研究。Sternberg的实验也验证了在不同领域中，隐性知识对于绩效的显著影响。其解释力度已经超越了IQ、个性、能力对于绩效的解释力度。在商业领域中，隐性知识和管理成功的指标之间也有相关关系，包括薪资、工龄薪资、职位水平和工作满意度（Sternberg and Grigorenko，2000）。

因此，知识无论对于科学的发展还是实践的运用都有着非常重要的作用，对知识所产生的影响的深入研究也是科学发展和实践运用的要求。

二　知识的分类

对于知识的研究可以从以下几种分类方法进行分类：按照知识的显性化程度来划分，按照知识的哲学层面划分，按照知识的来源渠道划分。接下来我们将详细论述。

（一）按照知识的显性化程度划分

对知识的分类最普遍的是对知识的显性化程度进行划分，即显性知识类和隐性知识类。1958年，Michael Polanyi在 *Personal Knowledge* 中首次提出了隐性知识的术语（Polanyi，1958）。隐性知识的内涵是与显性知识所对应而存在的，对隐性知识的理解离不开与显性知识的比较。Polanyi认为："人有两种类型的知识。通常称作知识的是以书面文字、图表和数学公式加以表达的知识，这只是其中的一种类型。没有被表达的知识是另一种知识，比如我们在做某件事的行动中所掌握的知识。"他把前者称为显性知识，将后者称为隐性知识。他认为隐性知识是沉默的、心照不宣的、只能意会而不能言传的知识，来源于个体对外部世界的感知和理解，所有理解都是基于人们的内心留住（Indwelling）。隐性知识非常有价值，但是它难以捕捉和限定，有些甚至难以表达。因此，显性知识指"知道是什么的"知识，或者说这种信息通常在教育机构获取，是可以连接、编码，也可以轻易地在人之间传播。隐性知识指"知道如何做"的知识，这种信息可以通过人某一领域内的经验获得，通常是不可以编码的（Davidsson and Honig, 2003; Dimov and Shepherd, 2005）。

在隐性知识的研究方面，Sternberg指出隐性知识和显性知识的不同之处，具体的表述如下（Sternberg and Hedlund, 2002）。

第一，获得隐性知识通常需要从他人或者别的资源那里得到一些帮助。这就是说，一个人不是直接地被引导去学什么，而是从经验中提取重要的教训，学习并不是目的。

第二，隐性知识本质上有逻辑程序。隐性知识是关于如何在不同的情景下执行不同的任务的知识，其形成有复杂的逻辑规则，但是这种规则可以由"条件—行动"来表示。

第三，隐性知识和个人的目标直接相关。以个人实践经验为基础的知识对于达成个人目标更为有助，这比普通的基于别人的经验的知识更为有效果。

在Sternberg之后，Nonaka（Nonaka, 1994）在Polanyi（Polanyi, 1966; Polanyi, 1958）的基础上提出了"隐性知识—显性知识"模型。Polanyi将隐性知识定义为深植于行动和经验的

未阐明的知识,但是显性知识是指以符号形式为载体的阐明的信息(Polanyi, 1966; Polanyi, 1958)。Spender(1996)在"隐性知识—显性知识"模型的基础上添加了一个"个人—社会"维度(见表2-4)。

表2-4　"隐性知识—显性知识"模型

	个　人	社　会
显　性	可以感知的,可以意识的	客观化的
隐　性	自动的	集体的

根据这种划分,可以感知的知识指个人的显性知识(比如了解外国语或者计算机语言)。自动知识包括个人隐性的、下意识的技能(比如骑自行车或者开车)。此外,客观化的知识指一个社会系统中的显性的、可以编码的知识(比如政策手册),而集体知识是指社会系统的隐性知识(组织文化)。

对于隐性知识,之后的学者有不同的诠释。Peter F. Drucker对隐性知识的诠释为"隐性知识,如某种技能是不可能用语言来解释的,它只能被演示证明它的存在,学习这种技能的唯一方法是领悟和练习"(Drucker, 1991)。此外,Drucker认为隐性知识主要是源于经验和技能。Ikujiro Nonaka在 *A Dynamic Theory of Organizational Knowledge Creation* 一文中认为"隐性知识是高度个人化的知识,它深深地植根于行为本身,植根于个体所处环境的约束,如某种工艺或专长、某种专门的技术或产品市场、工作小组或团队的业务活动,它有其自身的特殊含义,因此很难规范化,也不易传递给他人"(Nonaka, 1994)。他还认为隐性知识不仅隐含在个人经验中,同时也涉及个人信念、世界观、价值体系等因素。Verna Allee 认为隐性知识是存在于个体中的私人的、有特殊背景的知识,它依赖于体验、直觉和洞察力,以我们内在携带的"意念模型"为中心,这些意念模型是概念、形象、信仰、观点、价值体系以及帮助人们定义自己世界的指挥原则(Allee, 1997)。

RoyLubit 指出,隐性知识是难以表达、正式化和分享的,它是与显性知识相对应的(Lubit, 2001)。隐性知识有四种类别:难以表达的技巧诀窍、心智模式、解决问题的方式和组织惯例。对一个企业来说,长期运作所形成的制度、习惯成自然的工作流程、心照不宣的工艺默契以及共同构建的文化价值观等都是企业的隐性知识。人们解决问题的方式构成了人们决策思维模式(决策树)的基础。Lubit 指出,当人们要解决某一问题时,可能会考虑某种类似的情景,也可能从正反两方面系统地思考不同的解决方案,还可能首先看到解决问题的必要条件,分析问题的部分怎样形成整体,然后创造一种解决办法。人们用于解决问题的决策思考模式明显地影响方案的选择。

在此基础上,郭瑜桥等总结了隐性知识的 8 个特征:个体化的知识,经验性的知识,停留在实践层面、根植于行为的知识,动态变化的存在,不可共享性,无法表达、传播、沟通与共享的心智模式和源能力,可以间接表达的实践技能,创造价值的知识(郭瑜桥、和金生、王咏源,2007)。

国内学者对于隐性知识的界定和内涵有不同的视角,李一楠针对某些学者的观点对隐性知识的类别和分类依据进行了总结,如表 2-5 所示(李一楠,2007)。

表 2-5　隐性知识的类别和分类依据

作者	隐性知识类别	分类依据
Sternberg (1987)	自我管理知识，他人管理知识和任务管理知识	知识的程序性
Collins & Blackler (1993)	个体根植型、个体认知型、组织根植型和组织文化型隐性知识	知识的存在主体及存在形式
Earl (1998)	蓄意忽视的隐性知识和无意忽视的隐性知识	知识的认知程度
Jon-Anld (1999)	默会知识和隐藏的知识	知识传播的难易
斯卡莫 (2000)	物化的隐性知识和自我超越的知识	知识创新的源泉
汪应洛等 (2002)	真隐性知识和伪隐性知识	知识传播的效率
Hall & Andriani (2003)	知识谱	知识的认知程度

（二）按照哲学层面划分

从科学哲学角度来讲，知识在认知主义者的视角中和构建主义者视角中存在着不同的观点。认知主义者认为认知结构由知识构成，这代表了一种既定的现实，目的是尽量精确地对现实构建起模型。因此，他们发展了认知系统，比如信息处理机器和逻辑推理机器（Von Krogh et al.，2000）。进一步的，这种观点将知识视为客观化的，同样，这种观点仍然是运用传统的信息技术来收集、储存和传播信息。相对地，构建主义者将知识视为创造行为，而不是表现，这样，知识的定义就没有区分为个人的和组织的。特殊的以往经验形成了内部构建知识。与比较式的表现不同，知识通过具体情况的实施来获得。所以，知识可能是隐性的，是不容易表达、编码的（von Krogh et al.，1994，2000）。

显然，认知主义者寻求知识的表现，但是构建主义者关注知识的创造。对于构建主义者,只是管理必须超越数据储存,安装互联网,发展专家系统,或者为了营造便于知识传导的环境而更新组织规则。

(三) 按照来源来分类的知识

Sternberg 对于知识的整合框架中包含了情商、社会智商、实践智商并认为他们是非学术智商、非认知智商和非智力智商(Hedlund and Sternberg, 2000)。社会智商就是企业家从社会网络中获取的知识的商数体现。而根据知识的来源,知识的分类有以下几种。

1. 学术知识

学术知识是指来源于学校、培训机构和报刊的知识。学术知识是体现个人在学术水平方面的知识,通常是个人从学校教育、培训、报刊中获得的知识,这些知识显性化的偏多,比较容易表现获得知识程度的高低。比如通常的考试得分、培训成绩等都可以表示学术知识的程度。

2. 来源于经验和实践的知识

在许多的研究中,知识被发现与经验有相关关系。Nicholas G. Hatsopoulas 在研究知识在管理中的角色时,提出经验是知识的主要来源,并举出自己的亲身经历来说明(Hatsopoulos, 1999)。Sternberg 和他的同事们做的研究中表明,在给定的行业中,缺乏经验的个体倾向于较低的隐性知识得分。在商业领域,隐性知识得分和年龄、管理经验年限、在位年限并没有相关关系,这是因为经验的年限并不能影响到隐性知识得分,而关键在于管理者从经验中学到什么才是最重要的(Wagner, 1987)。Sternberg 也指出,隐性知识绝大部分是来源于经验,但是很难分辨这些基于经验的隐性知识是在什么样的情景中获得的

(Hatsopoulos，1999）。Sternberg 从心理学角度对管理人员的隐性知识进行了研究，他在研究中指出，隐性知识有三个特性：隐性知识的结构、使用隐性知识的条件以及获取隐性知识的条件（Sternberg and Hedlund，2002）。他认为管理者的隐性知识也包括了管理自身、管理他人、管理任务的三个方面（Wagner and Sternberg，1986），Sternberg 也认为管理实践的知识是指以行动为导向的知识，是程序性的，它能促使个人实现自己所追求的价值目标，它的获得不需要他人帮助。同时管理实践知识反映了从经验中学习的能力以及在追求和实现个人价值目标时所运用知识的能力。企业家的管理实践知识更偏重于内心隐性知识以及寻找、创造、享受挑战，保持一定的控制的知识，这与中低层管理者的隐性知识是不同的。

Lubit 在研究公司核心竞争力时指出，隐性知识主要是基于经验而获得的知识。而要获取这种知识，最主要的是要和专家在一起工作，观察专家如何处理问题，同时可以有以我们自己的方式处理问题的实践机会和获得反馈，这样可以促进知识的发展（Lubit，2001）。

国内学者建立了经验类知识传播的触发模型，讨论了经验类知识传播的特点，提出了一种便于利用计算机和网络技术实现企业知识管理的经验类知识的表达方法（刘福潮、解建仓，2008）。

所以实践和经验类的知识是企业家知识的重要来源之一，它包括了以往的创业从业经验知识，也包括了目前正在从事的工作中产生的经验知识。同时，来源于经验和实践的知识并不完全是隐性知识，也包含了显性知识的部分，比如企业家在创业从业经验中也涉及从书面的材料和书籍杂志等中学习到知识。

3. 来源于社会网络活动的知识

社会网络是企业家获取知识的重要来源，一些学者从社会学角度研究社会资本对于企业家获取知识的影响（Yli-Renko et al., 2001）。他们指出知识获取在社会资本和知识利用之间起到中介作用。

所有与企业家相关的社会网络都是企业家学习的来源，也是企业家获得知识的来源。Young等研究了社会网络知识的组成（Young and Sexton, 2003），其中企业成员的社会网络包括了企业内部和外部的网络。内部网络包括员工，而外部网络则包括私人——独立的商业所有者，商业机构——供应商、制造商、竞争者、协会成员，专业机构——会计师、银行家、律师、保险机构、咨询师、政府机构。这无疑指出了企业家知识的来源和渠道。

相似的，Nonaka也指出，隐性知识产生的本体论维度就是社会的相互作用，除了在组织内部的相互交流作用，在组织间的相互交流作用也会导致隐性知识产生。比如，与顾客、供应商、零售商，甚至竞争者的交互作用（Nonaka, 1994）。国内学者也对知识的转移渠道进行了研究，其中社会网络是知识转移的重要渠道之一（周晓宏、郭文静，2008）。

因此，来源于社会网络的知识是企业家知识的重要组成部分，它可能来源于上下游产业链，也可能来源于咨询机构等辅助类社会网络。为了研究的方便，本书选择第三类分类方法对于企业家知识进行分类。

三 国外创业领域对于知识的经验研究

在知识的经验研究方面，可以追溯到早期Clayton（1975）

的研究，他运用和智慧相关的词组量表对三组不同年龄段的人进行调查，结果显示与精神有关的智慧在不同的年龄组之间有差异。

Yli-Renko（2001）等通过实证调查检验了从关键客户关系的社会资本中获取知识和利用知识的影响。研究表明社会资本促进了从关键客户关系中的外部知识的获取，这样的知识是社会资本和知识利用之间的中介变量，但是关系质量维度与知识获取之间成负相关。知识获取与知识利用正相关，这包括了产品发展、技术差异化和销售成本效率等竞争优势。

还有学者从组织层面研究知识对于组织绩效的影响（Wiklund and Shepherd, 2003）。他们在研究中指出，以知识为基础的资源与公司的创业导向和绩效都有正向影响。

Sternberg对隐性理论进行了调查（1985），在他的研究中，来自艺术、商业、哲学和物理学的200个专家对于相应领域的聪慧、具有高智商或者有创造力的人进行了特征刻画。领域外的人同样做了理想人物的特征刻画。通过相关分析表明，除了哲学领域的，在智慧（Wise）和智力（Intelligence）之间存在着高相关度；在哲学领域，智力和创造力之间有最高的相关度。之后，Sternberg做了第二个研究，40个大学生对于3组有40个行为的词根据意思的一致性进行了归类，这40个学生都是学校里成绩最好，最聪明的学生。此研究得出了智慧和智力的组成成分。在第三个研究中，要求50个成年人对于假设的个人的智力、创造力、智慧进行量表选择，结果表明智慧和智力之间有高度的相关关系。

Sternberg等研究开发了隐性知识的测量量表，范围包括了学术心理、小学教学、商业管理、销售、组织的初级工作、大学教育和军队领导力（Sternberg and Wagner, 1986）。每个范围内的测量都用了一种共同的方法。第一步是针对给定的领域进行文献回顾并进行知识的辨认，进而发展出与该领域相关的初步的知识。在发展企业管理人员的隐性知识量表时，这步形成了一个框架，包括了三方面的内容：管理自我的隐性知识，管理他人的隐性知识和管理任务的隐性知识。

根据 Sternberg 等人所做的一系列实证研究，Sternberg 和 Grigorenko 得出一些结论：第一，隐性知识与学术智力没有相关关系；第二，隐性知识和经验有关，但是却与基于经验的测量没有相关关系，包括管理经验年限和所在职位年限。但是当把管理经验的年限与隐性知识水平放在一起时，发现并不是经验数量，而是管理者从经验中的所学知识更为重要；第三，隐性知识与绩效相关（Sternberg and Grigorenko, 2000）。基于 1990 年 Center for Creative Leadership 的研究，"管理者隐性知识测量量表"比个性测量、认知类型和人际导向能够更好地预测管理的成功。

在研究管理者的隐性知识时很容易与管理者的个性特征联系起来。Sloan 将五大人格与管理者的隐性知识水平联系并做了实证研究（Sloan, 2004）。结果表明，个性特征是与经验一起通过动态学习过程形成我们特征性适应的基本倾向。当个人的特征很大程度上随着时间而稳定不变时，由于经验和国际活动的影响会使得他们的适应行为发生改变。研究结果也证实了一个论点即隐性知识和经验的年限相关。所以，个性特征影响管理者从他们的经验中提取隐性知识的有效性。

四 国内创业领域对于知识的相关研究

国内对于知识的相关研究包括了对于知识的概念结构和对知识的管理,有部分学者讨论了企业家的知识问题。

张焕勇等(2006)指出,企业家知识是企业异质性的重要来源,企业家知识的异质性与企业的异质性具有很强的耦合性。企业家知识的报酬递增性、创新性、默会性、资产专用性、市场不完全性等特点分别于企业异质性资源的价值性、稀缺性、难以仿制性、无法替代性以及非竞争性等条件具有一一对应的关系。企业家至少部分地充当了企业异质性的承担者。

陈晓静等在研究中提出公司知识场境——知识创新的平台这一概念,认为它包括公司学习文化、领导行为、激励机制、公司知识库、知识管理和组织结构等六方面的因素。并通过问卷调查,对知识创新的影响因素进行实证研究(陈晓静、芮明杰,2007)。

连旭等研究了中国管理者隐性知识的结构,提出中国背景下管理者隐性知识是一个二阶因素结构,即所有项目聚合为管理自我、管理他人和管理任务三因素,而此三因素又聚合为一个总体隐性知识因素。管理自我的隐性知识与从事管理工作的经验显著相关;具有丰富管理经验的管理者与无管理经验的学生在管理者隐性知识各分量表和总体得分上有显著差异。管理他人的隐性知识在一般认知能力之外对管理潜力、自评的任务和周边绩效均有递增预测效度,管理自我的隐性知识在一般认知能力之外对自评的周边绩效也有递增预测效度(连旭、车宏生、田效勋,2007)。

刘小玲针对知识管理,结合创新系统的交互作用理念和社会学的互动理论,从信任的心理机制、开放的对话机制、主动的学习机制、有效的激励机制四方面的考察,提出一个基于人际互动网络的知识管理模式(刘小玲,2003)。

林祥等认为核心能力是一个系统整体,由多个子系统组成。他们将核心能力系统分为四个维度:个体技能维度、组织知识和技能维度、管理系统维度、价值与规范维度。这些维度由若干类型的知识组成。四维度系统具有结构性、层次性,它们的层次结构类似原子结构模型。价值观维度是核心层次,管理系统维度属于第二层次,组织知识技能维度属于第三层次,个体技能维度属于第四层次。从第四层次到第一层次,涉及面逐级扩大,组织性逐级增强,不可模仿性程度逐级提高,不可交易性逐级加大。因此,企业竞争优势的源泉是多层面的,高层次知识维度可以保证持续性竞争优势(林祥、李垣,2003)。

企业家在决策过程中会运用大量的知识,这些知识决定着决策的成败。马捷提出专家的决策过程是问题解决的过程,论证了运用出声思考法可以获取专家决策过程中的隐性知识,并构造了获取模型框架,详细解释了工作流程(马捷,2007)。

由于知识是在人与人的协作、交流中传播和创新的,因此以 IT 为基础的知识管理系统难以对其有效管理。以中国人民大学经济科学实验室为案例进行了如下研究:通过问卷调查收集数据;绘制组织内部信息沟通、咨询、知识传播等社会关系网络;定量分析网络结构以发现阻碍知识传播及创新的问题。研究表明,社会网络分析可以为组织制定知识管理的措施提供定量分析的依据和手段(殷国鹏、莫云生、陈禹,2006)。

张庆普在讨论用知识组装无形资产的文章中提出,知识是高度个人化和难以规范化的各种内隐性知识,它包括那些非正式的、难以表达的技能、技巧、经验和诀窍等；它还包括个人的直觉、灵感、洞察力、价值观和心智模式等，这些认识方面的知识深藏于员工个人的价值观念与心智模式之中，会深深地影响到员工个人的行为方式。知识难以言明和模仿，不易被复制，是企业进行知识创新和形成核心竞争能力的基础和源泉。但由于知识的内隐性和错综复杂的影响因素，尽管隐性知识交流与共享极为重要，但却十分困难（张庆普，2002）。

对于知识的来源类别，国内学者也进行了探讨，包括了经验类的知识和社会网络类知识（刘福潮、解建仓，2008；周晓宏、郭文静，2008）。这是知识最为显著的来源类别，更是企业家知识的重要组成部分。

五 对于创业领域知识相关研究的评述

对于知识的讨论涉及了与其相联系的各个方面，包括个人的知识及维度（Polanyi，1958；Polanyi，1983），知识与智慧之间的联系（Sternberg and Jordan，2005），知识与智力之间的关系（Sternberg and Wagner，1986），知识和学习之间的关系（Reber，1993），对知识的检验（Matthew et al.，2005；Sternberg and Horvath，1999；Sternberg and Wagner，1986），知识的教育（Sternberg，1986；Sternberg and Grigorenko，2007）等。

知识来源于现实的生活，它是智慧形成的基础，知识可以被测量，测量的结果就可以表述为智力，学者们曾经从教育领域、医学领域、管理领域、军队领域证实了知识在不同群体之间的差异性。

就知识的范围而言，既包括个人的知识，也包括整个社会的知识。个人的知识主要包括知道是什么的知识和知道为什的知识。而科学、社会本身也是有很多未被揭示的事实,"只有当科学相信有未被揭示的事实及其价值的时候,科学才有纪律和创新"(Polanyi,1966)。

知识是形成企业竞争力的来源,也是形成个人人力资本的重要基础,但是由于对知识的理解不同,不同学者也对知识的概念和内涵进行解构,剖析知识的类别和构成维度。知识是存在于生活各个方面的知识,对于知识的清晰界定需要与相关的主体特征相联系。因此,对企业家的知识进行理解和界定就需要与企业家的管理实践、经验、社会网络联系,这也是企业家在知识获取途径上与其他普通管理者相区别的地方。

第三章
理论框架与研究假设

第一节 企业家人力资本形成机制中主要变量的界定

一 企业家知识

企业家的知识是指在企业家创业过程中或者创业过程前后已经获取的与创业相关的知识,一些教育和再教育所获得知识也包含在内。这种知识有以下几种特性:①知识的专属性。企业家的知识通常是与企业家个人的所属社会关系、管理与经验相关的知识,这些知识通常是专属于企业家个人,而且不易转移给其他人的知识。②知识的不易模仿性。企业家知识由于具有专属企业家的特性,所以其他人很难模仿,模仿的过程要涉及企业家生活工作的各个方面,因此是很难行得通的。③知识的不易表达性。企业家可以成功地进行创业行为,但是很难将所运用到的知识清晰讲出。

因此,在本书知识的界定中,主要包含企业家的学术知识、创业从业经验类知识、社会网络类知识和管理实践类知识四个维度的内容。

二 创业认知

在思维科学中,认知是指"直接依赖于主体感知能力和思维能力,而不借助实践手段认识客观事物的过程"(田运,2000)。而认知的对象和来源都源于实际(陈南荣,2000),即以往的实践和经验。

"认知"一词在心理学中被广泛使用,它包含了广义和狭义两层含义。广义的认知与认识的含义基本相同,指个体通过感觉、知觉、表象、想象、记忆、思维等形式,把握客观事物的性质和规律的认识活动。狭义的认知与记忆含义基本相同,是指个体获取信息并进行加工、贮存和提取的过程(李铮、姚本先,2001)。

在本书中,我们界定创业认知是指企业家在心理上对于创业机会的警觉和敏感性。Kirzner 从警觉性的角度,将创业认知界定为"寻找环境中迄今为止不引人注意的特点"(Kirzner,1997),新出现的市场对于企业家获取超前的信息有很大的刺激,所以对于洞察和处理信息有特殊敏感的人就会比其他人更有可能获得好的机会。研究表明认知影响个人在开办企业进行决策时处理风险的方式(Markman and Baron,2003)。创业认知在企业家和非企业家之间也有很大的差异,McGaffey 和 Christy 称因为企业家尽量减少与他们公司相关的复杂性,所以他们在认知过程上和非企业家有所不同(McGaffey and Christy,1975)。企业家和非企业家面对环境的复杂性时有不同的反应,也可能展现他们能力的可变性,在认知上将其降低到可管理的水平。Kaish 和 Gilad 报告指出年轻公司的建立者花费大量时间搜集信息并且关注不同的风险线索(Kaish and Gilad,1991)。相反,

Busenitz 和 Barney (1997) 发现和管理者相比，企业家搜集较少的信息，运用较少的正规技术分析问题，也较少采用理性的决策过程。每个人捕捉、认识和有效利用抽象的和变化的信息的能力有很大的不同 (Miller, 1996)。

三 风险倾向

从 Mill 的著作开始的创业文献中就以风险承担作为区分管理者和企业家的显著特征 (Mill, 1848)。创业风险可以被分为三部分内容：潜在企业家的普通风险承担倾向、认知对于特定创业企业的失败概率，以及认知的失败后果。

Sitkin 和 Pablo (1992) 指出风险倾向是指决策者的行为表现为更愿意冒风险或是回避风险的一般倾向。一个厌恶风险的企业家可能更容易关注和看重负面结果，所以过高评价损失的可能性，而过低评价获益的可能性。相反，一个寻求风险的企业家则关注和积极评价好的结果，而不是过高评价损失的可能性。

在本书中，风险倾向是指一个人对待风险的态度或意愿，它可以表现一个人喜好风险或是厌恶风险或是风险中性。

四 企业家异质性人力资本

无论是从企业家的功能定位（决策者、协调者等）还是从企业家的职位表现（董事长、总经理、高管等）来定义企业家，都是从最直观的角度来理解企业家个体。但是从企业家作为一种企业的资本角度而言，他是可以带来边际收益递增的特殊资本；而从资源观角度出发，企业家是可以为企业带来竞争能力、影响企业绩效的核心资源。作为人力资本，异质性人力资本和普通的人力资本有着很大的不同（Becker，1993b）。一般的人力资本对于所有经济活动都是比较普通的（Castanias and Helfat，2001），而且传统上被个体的教育、年龄和性别来衡量。相反，异质性的人力资本则只是对于某一领域适用。而企业家异质性人力资本就是一种特殊于创业精神的人力资本。

企业家有一种个人资产来帮助他们识别机会，并为新创企业整合配置资源。Barney（1991）指出当资源具备以下特质时将导致持续的竞争优势：价值性、稀缺性、不可模仿性和不可替代性。公司的企业家是影响组织的特别关键的资源，特别当他们获取了新的知识的时候，这种作用更为显著（Daily et al.，2000）。

与普通的人力资源不同，企业家异质性人力资本是一种更具有特殊性质的人力资本。这体现在以下几方面。

第一，企业家是难以模仿的。企业家往往是最初的发起人，或者是最为核心的高管人员，他们有可能先于整个企业而存在，他们创业继而保持企业的发展都是基于不同的经验背景，而这种经验背景是很难为他人所模仿的，因此他们的人力资本作为一种企业资源，是难以被模仿的。

第二，企业家是很难被替代的。公司的成立到发展方向的确定、重大决策的产生都来源于企业家或者企业家团队对于机会的敏锐把握，而机会的把握同样来源于企业家个体背景，其面对信息进行处理的过程并非任何其他个体所能替代。

第三，企业家是稀有的企业资源。企业家要创立企业、维持企业成长，必须具备多种的技能、能力和特质，虽然不同的学者从不同的视角出发总结归纳的企业家能力、特质各有不同，但是企业家具备特殊才能是为学者所公认的。要同时具备种种开办企业的才能并非一蹴而就,也非所有的个体都能实现,因此经过创业过程验证的企业家才是真正的企业家,而这种人数占人口比例是较低的。

第四,企业家异质性人力资本作为企业的投入,会带来比其他普通资源更大的回报。很多研究证明,对企业家异质性人力资本进行投入,会带来高的经济回报(Barro, 2001; Bates, 1990b; Beker, 1964)。从现实中来看,企业家的收入往往也证明了这个观点。国家政策对于创业的支持、创业者的支持都是为了加大企业家异质性人力资本的投入,以期能够带动经济的发展,增加社会福利。通过以上四点可以得出,企业家不仅仅是企业中独特的资源,而且是独特的人力资本。它的存在有助于形成企业的核心竞争力,进而推动企业的发展。

对于企业家促进企业发展、经济发展的核心和本质,很多学者有过探索和思考。有的学者认为在于企业家特质和管理技能的形成。其中企业家特质包括成就需要、独立需要、控制点、模糊承受力、创新;管理技能则包括战略能力、现金流管理、财务计划、营销技能、代表技能、网络能力等(Ibrahim and Soufani, 2002)。Kirby 在研究企业家精神教育时指出,企业家的特质应该包括如下几点:风险承担能力(Risk-taking Ability);成就需要(Need for Achievement);控制点(Locus of Control);自治要求(Desire for Autonomy);偏离常规的(Deviancy);创造性和机会主义(Creativity and Opportunism);直觉(Intuition)(Kirby, 2004)。国内学者苗青、王重鸣提出了企业家能力的三大主干内容和 4 种必备结构。企业家主干核心能力为:创造性破坏、承担风险、学习能力(苗青、王重鸣,2002)。

可见,对于企业家促进经济发展的本质已经有很多不同的观点，但是要对企业家异质性人力资本的本质进行准确理解，就需要对其核心实质进行剖析。企业家与其他普通员工的本质的不同就在于其人力资本的"异质性"，即与普通的人力资源以及其他人力资本所不同的地方。从创业领域而言，对企业家研究领域讨论的很大一部分内容就是"企业家精神"以及"创业导向"，大量研究都聚焦于此，并认为企业家精神和创业导向都可以导致创业行为的产生和企业绩效的提升（Becherer and Maurer, 1999; Grant, 2000; Joshi, 2008; Lumpkin and Dess, 1996; Robert H Brockhaus, 1980）。从心理学角度而言，对企业家创业行为的研究则包括了企业家的智商、情商、个性特征、态度等方面的独特因素对于企业家机会捕捉、创业行为的影响（Bird, 1988; Gaglio and Katz, 2001; Lorrain and Dussault, 1988; Robinson et al., 1991）。从本质上来看，真正促进企业家成功创业的因素并非高智商、意愿强烈等基因因素、心理因素，因为这些固有的遗传因素并非一定难模仿、难复制、不可重复的，比如科学家人力资本等也可以促进企业的绩效提升（Toole and Czarnitzki, 2009）。所以真正促进企业家创业行为产生并导致这一过程持续的本质原因是企业家精神的存在和作用，这也就成为了识别企业家异质性人力资本是否形成的大概框架。

对于企业家精神内涵的研究非常丰富，从"承担风险"到"模糊承受力"等领域涉及内容繁多，而且很多学者将"企业家精神"一词用作表述"创业"，因此用企业家精神作为识别企业家异质性人力资本的标志时，还需要对其加以限定：①已经将企业家精神转化为行为。例如企业家的具有某些创新性，但是这种精神已经转化为创新行为时，才可作为衡量的标准；②被证明可以影响创业行为、过程和企业绩效。企业家精神的内涵在不断地被学者挖掘,在丰富的内涵中只选取被证明对创业行为、企业绩效有正向影响的内容作为衡量的标准。图3-1显示了建立企业家异质性人力资本识别标准的过程:

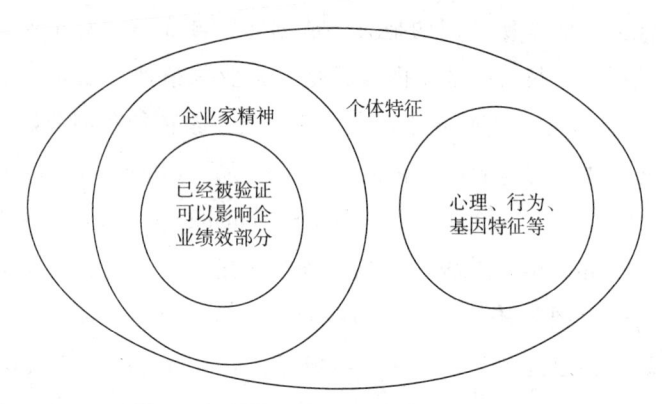

图3-1 企业家异质性人力资本识别标准

以下将详细从自治、创新、风险承担,以及前瞻四个方面具体论述企业家异质性人力资本构念的各个构成维度。

1. 自治

成立一个公司必须有目的地执行开办新公司所需的特殊行动(Bird,1988;Katz and Gartner,1988)。而现有公司的官僚层级和组织惯例很少致力于新创公司的活动(Kanter,1983)。在此情况下,就需要强有力的领导、敢于突破框架的团队或者创造性的个人来领导新创企业。

Lumpkin等在研究创业导向的维度中提出,第一个维度是自主性,它是指个人或者团队意图建立新的商业概念、创意或者梦想而采取的行动(Lumpkin and Dess,1996;Lyon and Lumpkin,2000)。自主性可以被用于个人、群组和组织层面,个人是方便分析的一个起点(Nonaka,1994)。组织中的个人可能有不同的目的,每个人也有各自的个性。允许每个人自动自发地行动,组织就有可能增加引进不可预见的机会的概率。

在心理学领域中,McClelland 关注了管理者个人创业行为中对于自主性的需求(McClelland,1975)。在 McClelland 的基础上,其他学者也关注了个人企业家精神。根据心理学和社会学领域中关于领导力的文献,研究者认为自主性是创业行为的五个因素之一(Vecchio,2003)。同样的,运用激励理论和内部归因理论,Kuratko,Hornsby 和 Naffzieger 已经指出自治性与以下概念相关:"做自己的老板""更有控制力""有根本的责任感""带领许多管理者和个人进行创业"(Kuratko et al.,1997)。根据经济学的自我雇佣理论,Fairlie 指出自主性是领导创业活动的主要因素(Fairlie,2002)。

Nadler 和 Gerstein 提出在组织中的自主行为由给员工清晰的愿景、战略的知识、目标的清晰、升级他们的专业技能、允许信息在组织内部自由流动来推动,并进而推动自主制定决策并达成期望的目标(Nadler et al.,1992)。

2. 创新

Lyon 和 Lumpkin 认为创新是指在产品和过程方面尝试创造、试验、新奇事物、技术领导力等(Lyon and Lumpkin,2000)。也有学者认为创新意味着有兴趣进行创新和有兴趣在工作场所改变事情,这样的兴趣实施了超越个人常规的意愿,并尝试出新的方法(Utsch et al.,1999)。

对于企业家的创新性,很多学者已有相关的分析(Kirzner,1985;Schumpeter,1934)。Schumpeter 将企业家的角色视为一个激进的市场创新者(Schumpeter,1934)。他认为企业家的社会角色是通过创新进行创造性破坏。Schumpeter 认为社会中的行业会随时间被其他行业替代。而一个行业被另外的现代行业所替代的过程就是创造性破坏。Schumpeter 所提到的创新包括：新产品、新的生产或者组织方式、新市场、新投入资源、新市场结构。Tushman 和 Anderson 的研究证明了 Schumpeter 的创造性破坏模型：市场的长期增加被技术不连续性破坏（Tushman and Anderson，1986）。和 Schumpeter 的观点相似，Drucker 强调创新"是企业家的特殊工具，通过此方法企业家可以利用变化的机会寻找不同的商业或者不同的服务"（Drucker，1985）。

3. 风险承担

Knight 对于企业家异质性的分析源于对企业性质的分析（Knight，1964）。他指出现实的经济社会由未预见的行动构成，未来也充满了不确定的因素，而企业家就是在这种情况下在不确定中寻找机会，整合资源，进而获得利润。利润是对于企业家承担风险、不确定性的回报，而不是普通的工资，普通的工资只是工人转嫁风险所得的回报。但是企业家的收入也包括两个部分：第一，是企业家对企业的日常服务所得的工资；第二，是企业家冒风险做决策所得的利润，这也是企业家所拥有资产的资产回报。Knight 对于企业性质、企业家性质的天才分析非常清晰地指出了企业家异质性人力资本所得回报与普通人力资源或者其他资产所得经济租的不同之处和复杂之处。

Lyon 和 Lumpkin 将风险承担定义为一系列的活动，比如举借重债，在结果不确定的情况下向项目投入大量的资源，以及进入未知的市场（Lyon and Lumpkin，2000）。

4. 前瞻

前瞻性是指高度的主动性，它能够由行动风格表现出来，包括目标导向、计划性和行动导向（Utsch et al.，1999）。企业发展的动态性和工作的分散性要求企业家必须具有前瞻行为，这样才有可能导致企业的成功。而研究表明企业家有很强的目标导向（Frese et al.，1987），他们比其他人更严谨地对待他们的目标，也会在实施个人目标时采取快速行动（Kuhl，1992）。

Lyon 和 Lumpkin 认为前瞻性与远见（Forward - looking）、致力于寻找先动者优势来构造环境关系，而这些是通过先于竞争引进新产品或者过程来实现（Lyon and Lumpkin，2000）。

Grant 把前瞻性定义为："采取主动的行为来促进现有的环境或者创造新事物；它包括了挑战现状而不是消极地适应当前的条件。"（Grant，2000）他将前瞻性的影响因素和结果从一个整合的视角来分析（见图 3 - 2）。

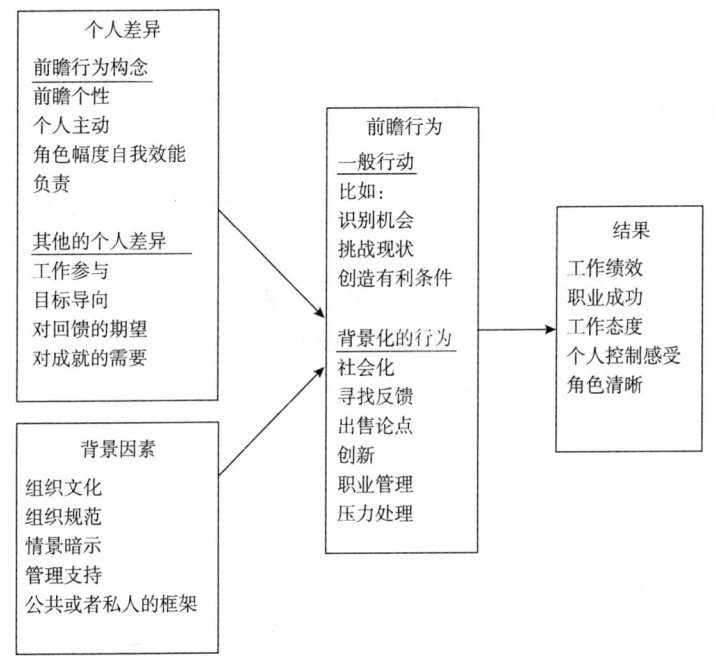

```
个人差异
前瞻行为构念
前瞻个性
个人主动
角色幅度自我效能
负责

其他的个人差异
工作参与
目标导向
对回馈的期望
对成就的需要
```

```
前瞻行为
一般行动
比如：
识别机会
挑战现状
创造有利条件

背景化的行为
社会化
寻找反馈
出售论点
创新
职业管理
压力处理
```

```
结果
工作绩效
职业成功
工作态度
个人控制感受
角色清晰
```

```
背景因素
组织文化
组织规范
情景暗示
管理支持
公共或者私人的框架
```

图 3 - 2　前瞻行为的前因和结果整合模型

第二节　企业家知识、创业认知与企业家人力资本的形成

对于创业行为的产生的影响因素，学者从不同方面给予解释。行为学角度解释认知风格与创业动机（Armstrong and Hird，2009）；心理学从态度解释创业行为（Robinson et al.，1991），也从意愿解释创业的构想（Bird，1988），还从心理特质、管理行为方面解释创业者的成功（Lorrain and Dussault，1988）；信息学则从信息处理角度分析创业（Gilad et al.，1989）；管理学从经验角度分析创业行为的产生（Starr et al.，1993），从社会网络角度解释创业过程（Birley，1985；Dubini and Aldrich，1991；Øyhus，2003），从知识角度分析隐性知识对于创业成功的影响（Sternberg and Jordan，2005），从性别角度分析创业贷款的成功（Buttner and Rosen，1988），从身份角度分析企业家融资的便利（胡旭阳，2006）。无论从心理学还是从人口统计指标角度分析创业行为的影响因素时，都无法真正给创业者以启示或者进一步的指导，而从知识角度分析创业行为则更具操作意义。

表3-1具体显示了在影响企业家异质性人力资本形成的知识部分，Sternberg在他的研究中从心理学角度定义了这些知识所影响的各种商数。此外，人力资源管理和知识管理文献已经表明人力资本发展活动对于组织绩效有影响（Arthur，1994；Huselid et al.，1997；Macduffie，1995；Seibert et al.，1995）。人力资本发展的活动由培训、教育以及知识管理范围中的社会化过程，包括知识的创造、适应和传播，但是很少有研究是关于知识对企业家异质性人力资本形成过程的影响机制。

表 3-1 影响企业家异质性人力资本形成的知识部分

知识类别	知识来源	与 Sternberg 的知识框架对照
学术知识为主	教育、培训 其他学术知识	学术智商
个性特征		认知智商
	教育、家庭、文化、社会经济地位	心理智商（IQ）、传统智商
非学术知识为主	社会网络 经验 管理实践	实践智商 实践智商 社会智商、情商的重叠

此外，我们还要注意创业认知在企业家异质性人力资本形成框架中的作用。企业家的特殊性还可以表现为拥有独特的知识并对知识进行新的组合，再结合企业家独特的个性，就形成了企业家的认知。在面对机会时，企业家的知识和个性使得他们把注意力资源配置到对机会的把握上，形成了商业念头，这就是所谓的创业认知。前文已指出，根据已有的研究，企业家和非企业家创业认知方面存在着差异，而还有研究指出企业家的创业机会识别体现在探索机会和利用机会两个方面，而企业家探索机会和识别机会的过程在企业家个体方面的表现就是企业家异质性人力资本的作用发挥和投入过程。对于创业认知在知识和企业家人力资本之间的特殊作用，汪良军等以图3-3表示。

图 3-3 创业认知在创业机会识别过程中的作用

在图 3-3 中，创业警觉即本书的创业认知。汪良军（2004）指出，创业认知和之前的知识有直接的关系，因此，创业认知是与企业家之前拥有的知识所匹配的，而且在此模型中，社会网络是知识的主要来源。这给我们对于创业认知在知识和企业家异质性人力资本之间的作用以很大的启示。知识的积累各有不同，多少不一，但是要形成创业的实践，发挥企业家人力资本的作用，还需要有对创业机会的敏感性和警觉性。这种敏感性可能由于环境、制度的不同而有所差异，但是从逻辑上而言，企业家的知识可以激发创业认知进而发挥异质性人力资本的作用，而企业家的知识却不一定能激发或者影响到环境、制度因素，因此环境、制度等在企业家异质性人力资本形成过程中从逻辑上讲不能构成中介因素。

本书的框架基于知识角度对人力资本的形成进行分析。在分析知识对企业家异质性人力资本形成过程的机理中，创业认知是起传导作用的因素，而知识通过影响企业的创业认知因素最终导致企业家异质性人力资本的形成。因此，本书的整体模型框架如下图 3-4 所示。

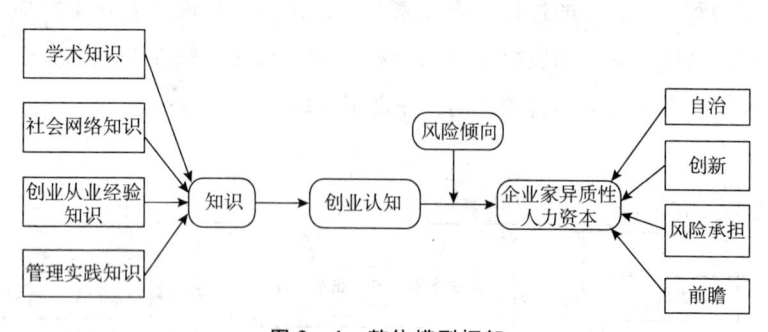

图 3-4 整体模型框架

第三节　研究假设的提出

一　知识与创业认知的关系

创业认知是区别一个企业家与非企业家的关键特征（Kaish and Gilad, 1991），企业家相关领域的知识能够促使其在心理上具备对于创业机会的警觉和敏感性（Gaglio and Katz, 2001）。

从基于信息积累的角度来看，创业认知就是企业家将扫描他们的环境成为一种习惯，这让他们识别和积累对于发现机会非常关键的信息。这种维度与行为角度的认知一致，它认为信息寻找行为是认知的核心。此外，有创业认知的企业家将全部地以及持续地处理相关的和可得的信息，也就是说，他们在信息积累和转化方面做了很好的准备。最后，创业认知包括根据知觉选择要转化的信息，使之能符合公司所在的阶段。

基于经验的效用角度，之前的知识会给个人提供特殊的信息，从而帮助他识别特定机会（Shane and Venkataraman, 2000; Venkataraman, 1997）。企业家们是更加持久稳固的，虽然不是传统意义上的，尽他们的努力调查研究新的商业机会（Busenitz, 1996）。信息的积累形成了个人的感官储备——这是人类信息处理模型中的第一个阶段，它简短地储存了信息的最初形式（Reed, 2004）。感官储存的信息帮助显性的和隐性的新知识的整合、积累，以及整合和适应新的情景（Weick, 1996）。每个人感官储存的特殊的先前知识建立了一个"知识走廊"，这让他能认识到某种机会，而其他的人不会认识到（Venkataraman, 1997）。这说明，知识的积累能够帮助企业家发现创业机会。将看起来不相关的事件联系起来代表了人类信息处理过程模式，它也是机会识别的主要成分（Baron，2006）。

在企业家异质性人力资本形成过程中，经验为信息的处理提供了一个框架（Fiske and Taylor，1991）。这个框架减少了信息处理的负担，并允许有经验的个人关注新颖奇特的信息（Hillerbrand，1989）。相反，不具有经验的个体则可能被信息湮没，也不知道该如何运用信息。Carolis 和 Saparito（2006）通过对社会资本、认知和创业机会间关系的描述，发现企业家基于社会资本获得的知识能够改进企业家现有的知识结构与体系，不仅能增加企业家对于创业机会的警觉性和敏感性，而且能促使企业家采用创新性的解决方式改善现有经营业务（De Carolis and Saparito，2006）。

因此，从企业家个人层面而言，企业家个人的知识和企业家的创业认知之间存在相关关系，与学术知识、社会网络、经验等相关的知识是形成企业家创业认知的关键因素。基于以上理论分析，我们提出如下研究假设。

假设1 企业家知识（H1）及其学术知识维度（H1.1）、社会网络类知识维度（H1.2）、创业从业经验类知识维度（H1.3）、管理实践类知识维度（H1.4）对创业认知有显著的正向影响。

二 创业认知与企业家异质性人力资本的关系

在人力资本理论中，企业家积累"投入"，继而有了"产出"，即决定自我雇佣以及用资产投资公司的规模大小等（Bates，1990b；Iyigun and Owen，1998；Otani，1996）。他们非常珍视他们在特殊背景下获得的资源，这些长时间积累的资源影响了他们的行为。在近期，人力资本理论已经将个人的认知特征包括其中（Alvarez and Busenitz，2001）。

一些学者认为创业认知与个人搜集、处理和使用信息有关（Allinson and Chell，2000；Allinson and Hayes，1996），被定义为"人们用来做出评估，判断或者决策所使用的知识结构，包括机会评估和风险创造和成长"（Mitchell et al.，2002）。Mitchel 等在创业认知的一期特刊上称"创业认知观点帮助我们理解企业家如何思考以及为什么他们做一些他们做的事情和如何做这些事情，为这种独特性提供一种理论上严格的和可测的观点。"（Mitchell et al.，2002）

Crant 观察到企业家的前瞻部署是理性过程的结果（Crant and Bateman，2000）。例如，个人通过扫描环境寻找机会，他们不断通过社会化活动，寻找正向的反馈，积极地推销他们的观点使得他们的项目采取前瞻性的方式推进（Crant and Bateman，2000）。此外，他们向前看并预测竞争者未来的可能行动。

同时，有些学者从认知角度分析创业认知。在这种观点中，创业认知是一组有特色的认知和信息处理技能，这推动了机会识别过程（Gaglio and Katz，2001）。Kirzner 对创业认知给予了相应的评述，他从经济学的角度将创业认知定义为注意——而非搜寻——未被发现的机会（Kirzner，1979）。Kirzner 随后对此概念做了补充，一个是"人对于未来景象的动机倾向"，一个是"对于可获取机会的接受态度"（Kirzner，1997）。

在创业过程中，机会识别被视为一个关键的点，所有其他的一切都在其之后（Baron，2006），机会识别也是企业家创业前瞻性、创新性行为的具体体现。创业机会是指这样一些情景：通过创造性地组合货物、服务、原材料和组织方法等资源来迎而临近退休时收益趋向于转为负数。因此,收益随着工作经历的增长而增加,是由于整个生命周期中增长的生产力和人力资本的积累。

来自加拿大的经验表明,一个成功的企业家要有企业家特点和管理技能,而多方的培训可以达到这个结果。其中企业家特点要通过文化、家庭、学校教育系统、政府来实现;而管理技能要由高等院校、NGO、私人部门、政府来实现(Ibrahim and Soufani,2002)。

除了从学校和培训机构中可以获得学术知识之外,个人阅读、上网等方式也是获取学术知识的一种方式,这种知识容易传播,易于复制,可识别程度也较高,是知识的大部分表现形式。这种知识一般是通过"自我学习"程序得到,包括了阅读书籍、杂志、报纸,以及使用因特网等(Young and Sexton,2003)。

基于以上相关理论分析,我们提出如下研究假设。

假设3 创业认知在学术知识与企业家异质性人力资本(H3)及其自治维度(H3.1)、创新维度(H3.2)、风险承担维度(H3.3)、前瞻维度(H3.4)之间起中介效应。

2. 在社会网络类知识和企业家异质性人力资本间的中介效应

社会网络被定义为"被一组社会关系(比如友谊、资金转移、重叠的成员关系)连接起来的一组特殊节点(比如个人、组织)"(Laumann et al.,1978)。大多数人在经常地或者偶然地接触许多人(Boissevain,1974;Burt,1986;Pool and Kochen,1978),每个人的社会网络由所有的人(节点)组成,而且了解或者不那么了解这些节点(Barnes,1972;Mitchell,

1969)。研究表明企业家个人网络对于创业过程可能是至关重要的（Dubini and Aldrich，1991）。Johannisson 将企业家个人的网络描述为"公司最为重要的资源"（Johannisson，1990）。在信息不完全的市场竞争中，没有一个经济主体可以拥有完美的信息来做出理性的选择和决策。个人局限于他们的能力去处理和储存信息，所以导致了有限的理性（Simon，1976）。一个企业家的社会网络可以帮助理性的扩展，并帮助获得知识，这些知识帮助评估和决定一系列的行动。通过社会网络节点，好的商业创意/机会就能被识别，过滤和评估，之后如果合适的话，去执行。

网络分析考虑了个人、群组和组织之间的相关接触（Burt，1984；Granovetter，1985；Powell，1990），它抓住出现的组织过程（Gartner et al.，1992；Larson and Starr，1993）。从社会网络理论的实践，网络中的弱节点（Granovetter，1973）、结构洞和社会前沿（Burt，1992）可能是获取信息的指标，这帮助企业家识别机会。弱节点是随意的熟人，相对于强节点而言，通常花费很少的时间精力去维护这种关系。朋友的朋友，或者偶然的商业接触可以被认为是弱节点。Granovetter（1973）认为这些"低维持"的个人经常是特殊信息的来源。

Burt 认为不是节点的强度预测了获取信息，而是网络中的结构洞数量（Burt，1992）。网络中结构洞越少，个人越容易获得信息。网络节点中的社会前沿在理论上是非常重要的。两个网络社会节点的人口统计特征越不同（性别、民族、宗教等），社会前沿就越广阔，特色信息的交换就越有可能。综上所述，企业家的社会网络结构和节点的质量可能是企业家机会识别的指标。

Kirzner认为企业家的主要角色就是发现并利用机会（Kirzner，1979；Kirzner，1985）。而企业家不需要拥有特殊的知识，他们可以知道其他人的知识、经验和专业知识如何被利用。所以，企业家的社会网络接触就是影响创业过程的重要因素。

事实上，当前的很多研究都在检验"网络"，试图把企业家置于一个社会背景下研究。Birley（1985）通过对美国印第安纳州160家公司的调查研究了网络在新创公司中的角色。她区分了两种网络：非正式网络（家庭、朋友、商业）和正式网络（银行、会计师、律师、小型企业管理局），发现企业家严重依赖于非正式网络，但是很少接近正式网络。Arne Olav Øyhus通过对坦桑尼亚和印度尼西亚的对比分析指出，企业家创业时个人与朋友、同事、家庭成员的关系的利用是最基本的（Øyhus，2003）。

有些学者通过具体的案例观察，从不同的社会网络学习程序来解释企业家学习的过程。Young和Sexton就将学习程序区分为"外部程序"和"内部程序"两个方面，而且两类学习都按学习的频次区分开来，即在两类学习程序当中，其包括的指标又区分为"自我学习""对他人的临时访问以获取信息/共事学习""对他人的经常性访问"等。其研究中网络成员包括：私人——独立的商业所有者；商业机构——供应商、制造商、竞争者、协会成员；专业机构——会计师、银行家、律师、保险机构、咨询师；研究机构；政府机构；等等（Young and Sexton，2003）。国内学者周晓宏等也提出社会网络是隐性知识传播的途径（周晓宏、郭文静，2008）；魏江等也对企业家的网络知识学习进行了研究，指出了企业家社会网络知识是通过竞争对手、金融中介咨询专家、合作者、朋友等获得的（魏江、沈璞、樊培仁，2005）。

费涓洪研究了社会资本与女性创业之间的关系，她提出社会资本在女性创业中有重要的作用（费涓洪，2005）。第一，企业家通过社会资本直接获取物质资源；第二，社会资本是企业家获得商业信息和商业机会的重要来源；第三，社会资本有助于企业家获得企业所需的人力资源。从中我们可以看出社会网络知识对于企业家的形成有重要的影响作用。

基于以上分析，我们提出如下研究假设。

假设4 创业认知在社会网络类知识与企业家异质性人力资本（H4）及其自治维度（H4.1）、创新维度（H4.2）、风险承担维度（H4.3）、前瞻维度（H4.4）之间起中介效应。

3. 在创业从业经验类知识和企业家异质性人力资本间的中介效应

与 Polanyi（1966）的观点一致，Wagner 和 Sternberg（1985）将创业从业经验类知识定义为一种在一般情况下难以表达的知识，而这种知识来源于经验，而不是显性的教育、教导（Cianciolo et al.，2009）。

Timmons 指出培训、教育对于企业家精神的形成是有局限性的，唯一学习的途径是个人经验（Timmons et al.，1987）。Politis 也认为在创业过程中，企业家的从业经验可以影响到企业家的机会识别与处理新的负债。具体而言，企业家的创业从业经验包括创建的经验、管理的经验和行业经验（Politis，2005），由此而获得的知识包括机会识别（Corbett，2002；Ronstadt，1988；Shane and Venkataraman，2000）和处理新事物的能力（Aldrich，1999；Shepherd et al.，2000；Starr and Bygrave，

1992；Stinchcombe，1965）。

企业家的先前经验能够形成良好的顾客关系管理，比如商业技能、发展很好的网络和商业信誉，这些可以促使企业家更好地识别机会和发现机会（Hudson and McArthur，1994；Shane and Khurana，2003；Shepherd et al.，2000；Starr and Bygrave，1992；Wright et al.，1997），由此产生的处理新事物的能力包括企业家减少障碍和不确定性并进行各种风险活动的各种途径（Aldrich and Auster，1986；Shepherd et al.，2000；Starr and Bygrave，1992），比如发现财务初创资金、合法的建筑、对变化的适应、接触社会和商业网络等。也有某些基于知识的进入障碍，某种程度的生产技术或者管理能力是风险面临的、管理者需要克服的限制条件（Cohen and Levinthal，1990；Shepherd et al.，2000）。之前的经验为企业家提供机会增加他们处理新事物的能力，学习新的知识能够稳定地重新审视他们的风险，因此为他们进入新的市场，开发新的产品或者技术提供更好的能力（Kolvereid and Bullvag，1993；MacMillan，1986；McGrath，1999；Starr et al.，1993）。

一般的管理经验能够为个人提供许多基本商业信息，这些商业信息与识别和抓住机会有相关的关系。包括财务、销售、技术、逻辑、营销和组织（Romanelli and Schoonhoven，2001；Shepherd et al.，2000）。此外，有先前的管理经验对企业家在处理新事物的能力方面进行了培训，比如销售、谈判、领导、计划、制定决策、解决问题、组织和沟通（Lorrain and Dussault，1988；Shane，2003）。

竞争优势研究指出 CEO 的特殊经验影响公司的绩效（Carpenter et al.，2001；Hambrick and Mason，1984）。这些观点已

经被运用到中小企业的研究中，并发现高层管理人员或者创建者先前的经验与创业绩效之间的关系。研究表明 CEO 过去的公司绩效经验与国际创业有很强的相关关系。这应归因于他们之间较少的国际经验和国际参与经验，社会网络能力以及他们集合翻译关键信息的能力（Carpenter et al.，2001）。一些研究国际商业和国际创业精神领域的学者研究了 CEO 的特殊背景和经验在国际创业和公司绩效之间的关系（Carpenter et al.，2001；Dyke et al.，1992；Leonidou，2004；Leonidou et al.，1998；Rynning and Andersen，1993）。

创业从业经验类知识与企业家学习密不可分，对企业家学习的研究也可以从侧面反映出企业家获取知识的途径和方式，而很多研究表明经验才是知识获取的重要途径。对于企业家学习的方式和途径，国外学者通过规范研究和实证研究（案例分析或者统计分析）进行了相关研究，很多研究表明企业家学习本质上是基于经验的学习（Collins and Moore，1970；Deakins and Freel，1998；Minniti and Bygrave，2001；Reuber and Fischer，1993；Sarasvathy，2001；Sullivan，2000）。Deakins 和 Freel 也指出企业家学习是非线性和非连续的，而且表现为基于关键事件的学习（Deakins and Freel，1998）。同时，他认为经验学习的对象包括同伴、顾客反馈、试错、问题的发现和解决。Politis 也将企业家学习看作经验的转换，包括创业经验、管理经验和行业经验，他还进一步分析了影响学习过程的因素，即先前事件的结果、占优逻辑以及职业导向。这些研究都表明在企业家进行学习的这个复杂过程中，经验学习是最为重要的途径（Politis，2005）。由此可见，通过经验获取的知识和创业行为、企业家创业特质的形成之间有相关关系。

在企业家的个人经验中，先前的行业经验（在原来公司工作提供和目前所在公司一样的产品或者服务）与创业行为之间存在着某种联系。Keeley 和 Schroeder 等（Van de Ven et al.，1984）检验了技术公司和教育软件公司，结果并没有发现行业经验和公司绩效之间的显著关系（Keeley and Roure，1990；Van de Ven et al.，1984）。Cooper 在跨行业研究中并没有直接研究两者之间的关系，但是发现了如果个人拥有相似的产品或者服务的经验，他们会开办更大的公司（Cooper et al.，1989）。

还有一种经验与以前的公司相关，就是创办原来的企业的经验。Van de Ven 等发现以前的创业经验和公司的成长之间呈反向关系，研究解释其原因是预测公司成长的自变量有很高的相关关系（Van de Ven et al.，1984）。其他的研究发现创业经验和公司之间有显著的正向相关关系。

基于以上分析，我们提出如下研究假设。

假设 5 创业认知在创业从业经验类知识与企业家异质性人力资本（H4）及其自治维度（H5.1）、创新维度（H5.2）、风险承担维度（H5.3）、前瞻维度（H5.4）之间起中介效应。

4. 在管理实践类知识和企业家异质性人力资本间的中介效应

Sternberg 的研究一贯地坚持实践对于管理工作的重要性，由实践类知识测得的分数就是实践智商。实践智商可以被定义为个人通过调整发现自己与环境要求最佳匹配点的能力，或者是追求个人价值目标时选择新环境的能力。它的特征就是"常识"，这是与学术智商或者书本知识水平相反的知识水平。实践智商包括了每个人处理日常生活的能力，包括每个人的工作或者职业（Sternberg and Hedlund，2002）。TKIM 被称作基于解决问题的隐性知识测量量表，而 Sternberg 认为 TKIM 量表实际上还是社会智商和情商的重叠部分（Hedlund and Sternberg，2000）。Sternberg 的研究表明，管理实践知识是管理人员最重要的隐性知识，因此我们推断企业家的管理实践知识是其人力资本形成的影响因素。

基于以上理论分析，我们提出如下研究假设。

假设6 创业认知在管理实践类知识与企业家异质性人力资本（H6）及其自治维度（H6.1）、创新维度（H6.2）、风险承担维度（H6.3）、前瞻维度（H6.4）之间起中介效应。

四 风险倾向的调节作用

创业具有相当的风险，相关调查分析指出，国内创业企业每100家企业中只有20~30家可以熬过1年，而熬过3年的企业只占其中的30%；至于如今流行的大学生创业，其失败率更是高达99%[①]，由此可见创业过程中存在的风险是非常高的。

风险通常是指结果概率、关联结果可能性和他们主观价值分布的变异功能（Stewart and Roth，2001）。风险倾向是指对于获得收益的认知概率，这种收益和假设情景的成功有关，这种情景是在个体遭受失败结果之前所需要的，另外一种情景比假设情景提供更少的回报以及严重的后果（Robert H. Brockhaus，1980）。

风险倾向可以分为三种：低、中、高，不同风险倾向影响个人开办企业的决策。但是对于企业家是具有高风险倾向还是和普通人的风险倾向无差异，不同研究有不同的结论。具体而

[①] http://www.zy63.cn/news/37214.html.

言，对于风险倾向这一因素对创业决策行为的影响主要有四种观点，第一种是认为企业家具有较高的风险倾向；第二种观点认为企业家是中度风险承担者；第三种观点认为企业家和管理者的风险倾向没有差异；第四种观点认为企业家具有不同风险倾向，要视具体创业状况而定。

有些学者研究指出企业家具有较高的风险倾向。Busenitz 在检验企业家与大型组织管理者在偏见与直观推断决策方式的应用上的差异时，把风险倾向作为控制变量，发现风险倾向与其是企业家还是管理者这一因变量之间存在一定的显著关系，也就是说企业家与管理者在风险倾向上存在一定差异（Busenitz, 1999）。许多心理学家都试图检验企业家的差异，认为创建新企业的个体也许有抓住机会的倾向，愿意将自己暴露在具有不确定结果的环境里，也就是说表现出一种高风险倾向（Collins & Moore, 1964）。

有些学者认为企业家是中度风险承担者。Mancuso（1975）称已创立企业的企业家倾向于是中度风险承担者，但是他没有为此观点提供实证支持，也没有指出创业决策在什么风险承担程度上可以得以制定。Meyer、Walker 和 Litwin 研究了制造业的店铺运营管理者和主管工程师，进而决定了个人标准的动机范式和针对特殊工作角色进行的调整。研究发现有创业角色的管理者比工程师在风险偏好方面展示了中度的风险倾向（Meyer et al., 1961）。McClelland（1961）指出,高成就的企业家特征是中等程度的冒险者。而 Brockhaus（1980）也发现企业家是中等程度的冒险者，他们与大型组织中的管理者以及公众之间在风险倾向上并没有什么区别。而 Raynor（1974）则声称，以成功导向的企业家应该寻求比 McClelland 所说的中等风险更低的风险，他认为这样做会使企业家得以延长其作为企业所有人的职业生涯。

还有学者认为企业家和管理者的风险倾向并没有什么差异。Bird（1989）通过研究指出，企业家比大型组织的管理者明显地在职业决策以及商业决策中接受更高的风险水平。然而这一结果并不能表明企业家的风险倾向就高于大型组织的管理者。在这一问题上，许多研究表明企业家的风险倾向并不比大型组织的管理者的风险倾向更大（Brockhaus，1980）。当然在一些研究中，如 Begley 和 Boyd（1987）以及 Sexton 和 Bowman（1984）对企业家之间的风险倾向差异找到了一定的证据支持，但目前达成的一致观点是企业家在风险倾向上并无实质差异（Low and MacMillan，1988）。Kahneman 和 Lovallo 也指出，当与其他人相比较时，创业者并没有表现得"更冒险"——他们并没有更高的风险倾向（Kahneman and Lovallo，1993）。

还有学者认为企业家具有不同的风险倾向，而不同的风险倾向对其创业决策也存在影响，具有更高风险倾向的创业者会选择更具风险的企业，并认为有远见的投资者应该考虑一下他们所选择的创业者与自己的风险倾向相匹配的程度（Forlani and Mullins，2000）。

总而言之，在企业家具有相关知识、也具备了发现创业机会的创业认知时，其对于风险的感知在之后的阶段影响了创业决策的制定，进而影响了企业家异质性人力资本的形成（陈震红，2004）。也就是说，风险倾向可能影响创业认知与企业家异质性人力资本间的关系。基于以上理论分析，我们提出以下研究假设。

假设7 风险倾向在创业认知与企业家异质性人力资本（H7）及其自治维度（H7.1）、创新维度（H7.2）、风险承担维度（H7.3）、前瞻维度（H7.4）之间起调节效应。

五 控制变量

人口统计学因素，如年龄、性别、教育水平、家庭收入等个人层次的因素会影响到企业家的异质性人力资本。年轻的工人和年老的工人相比，执行不同的任务，并具有不同的职责。因此，劳动力市场上各种人力资本的竞争和供给都与年龄极为相关。此外，男性与女性在创新精神、做出创业决策方面也有显著的不同，即性别因素也是影响企业家异质性人力资本形成的因素之一。

此外，企业家自身的政治身份也会影响到企业家的异质性人力资本。企业家在创业过程中会遇到种种困难，比如在融资方面的制度限制，这促使企业家开始提出政治诉求，寻找一种政治身份来促进企业和企业家自身的发展。胡旭阳研究了企业家的政治身份与民营企业进入金融业的可能性之间的关系，证明了在中国金融业进入受到政府管制的情况下，民营企业家的政治身份通过传递民营企业质量信号降低了民营企业进入金融业的壁垒，提高了民营企业的资本获得能力，促进了民营企业的发展（胡旭阳，2006）。正因为企业家的政治身份的影响，企业家的社会网络也包括了政治社会网络，这种政治社会网络对于新创企业有着显著的影响（Li and Zhang, 2007）。

最后，企业层次相关因素也会影响到企业家的异质性人力资本。具体而言，本书把企业主营业务经营所在地、公司年龄、公司规模、公司生命周期、公司所在产业类型等组织层次的因素作为企业家异质性人力资本的控制变量。

因此，本书选择的控制变量包括企业家个人层次的因素，如年龄、性别、教育水平、家庭收入、政治身份；以及企业层次的因素，如企业主营业务经营所在地、公司年龄、公司规模、公司生命周期、公司所在产业类型等组织层次的因素。

第四章
问卷设计与小样本测试

问卷的设计包括了企业家异质性人力资本的测量和知识的测量,量表主要采取借鉴已有量表的方式,再针对研究进行局部修改以适应本研究的进行。量表的信度将通过小样本测试进行检验,并进一步对问卷进行修正。

第一节 问卷设计

本书的问卷采取封闭式设计,除了控制变量外,其他研究构念的问题选项均采用通过利克特(Likert)5级量表形式,选项包括了"1非常不同意;2不太同意;3一般;4比较同意;5非常同意"5个选项。本问卷的测试变量主要包括学术知识、社会网络类知识、创业从业经验类知识、管理实践类知识、企业家异质性人力资本、创业认知和风险倾向的变量,以及一些相关的控制变量。

在设计量表的过程中,主要进行了以下设计工作和步骤。

第一,资料收集整理过程。从相关研究领域中分析已有的文献,在文献中寻找已经设计成熟的量表或者条款。量表来自于英文文献，本研究组织两位本专业的博士研究生对照英文版本进行量表的校对和文字表达的推敲。

第二，量表的调整修改。有个别的量表在所属文章中有研究的针对性，比如针对的对象是普通管理者，或者针对的对象是企业组织，那么在本研究中使用时就需要进行调整修改，使其更适合本研究的使用。

一 企业家知识的测量量表

关于知识的测量量表在目前的研究中还是比较欠缺的，主要进行知识测量的学者集中在心理学领域。以 Sternberg 为代表的学者在商业、学校、军队等领域发展出了几套情景化的量表，之后也有改进的量表。但是总体而言，企业家知识的测量量表还是比较少，主要原因包括：第一，知识是在任何一个领域都涉及的，因此，对知识的研究需要结合具体的研究领域和视角，而其相应的量表也要有针对性的开发。比如 Sternberg 的测量量表是与领导力、管理能力相关的量表；第二，在企业管理领域，对于企业家个体的研究是比较新兴的领域，而在此领域中通过与各学科交叉进行研究的细分领域更是在起步阶段。

因此，企业家知识的测量量表的整理过程要通过仔细的文献分析和整理才可以理出合理的脉络。本章通过对企业家研究领域的大量文献分析，整理出了不同来源角度的企业家知识，这些都是与企业家创业精神相关的知识。具体而言，包括了学术知识、社会网络类知识、创业从业经历类知识，以及管理实践类知识。

1. 学术知识的测量量表

学术知识对于创业教育的作用在西方国家中一直在接

受检验,比如学者关注了正规的教育培训是否对于创业精神和创业行为的形成起到了重要的影响作用(Garavan and O'Cinneide, 1994; Gibb, 1993; Henry and Leitch, 2005; Ibrahim and Soufani, 2002; Kirby, 2004)。此外,培训作为获得学术知识的渠道之一,会对企业家感知机会,进而进行创业产生正向的影响。最后,个人阅读、上网等方式也是获取学术知识的一种方式(Young and Sexton, 2003)。基于此,表4-1表明了企业家学术知识的测量条款,所有的问题选项都采用Likert 5级量表形式,选项包括了"1非常不同意;2不太同意;3一般;4比较同意;5非常同意"5个选项。

表4-1 企业家学术知识测量条款

类别	代码	题项
学术知识	EK1	我从学校学习中获得的知识很多
	EK2	我从各种培训中获得的知识很多
	EK3	我从书籍、杂志与报纸中学到的知识很多
	EK4	我通过上网学到的知识很多

2. 社会网络类知识的测量量表

Young等进一步研究了社会网络知识的学习的组成(Young and Sexton, 2003),其中企业成员的社会网络包括了企业内部和外部的网络。内部网络包括员工,而外部网络则包括私人——独立的商业所有者,商业机构——供应商、制造商、竞争者、协会成员,专业机构——会计师、银行家、律师、保险机构、咨询师、政府机构。

因此，本章对社会网络类知识的测量整合了 Young 的测量维度，如表 4-2 所示。所有的问题选项都采用 Likert 5 级量表形式，选项包括了"1 非常不同意；2 不太同意；3 一般；4 比较同意；5 非常同意"5 个选项。

表 4-2　企业家社会网络类知识测量条款

类　别	代　码	题　项
产业链上下游利益相关者（核心类社会网络）	TKN11	我从供应商那里学习到很多知识
	TKN12	我从制造商那里学习到很多知识
	TKN13	我从分销商/零售商那里学习到很多知识
咨询类（辅助类社会网络）	TKN21	我从会计专业人员那里学习到很多知识
	TKN22	我从金融机构那里学习到很多知识
	TKN23	我从法律机构那里学习到很多知识
	TKN24	我从保险机构那里学习到很多知识

3. 创业从业经验类知识的测量量表

根据 Polanyi 和 Reber 的观点，知识来源于个人经验而不是正规的指导（Polanyi，1958；Reber，1989a；Reber，1967；Reber，1969；Reber，1989b；Reber et al.，1991）；Hasher 和 Zacks 称在准备进行某些活动时，每个人都会出现关键的、具体的情景信息（Hasher and Zacks，1979）。有些学者也称，知识来源于问题形成和解决模式的日常经验（Schutz and Luckmann，1973；Scribner，1986），所以很难直接教授（Cohen et al.，1996；Reber et al.，1991）。

Young 在企业家经验学习概念框架中指出，企业家的职业经验包括：创立经验；管理经验；行业特殊经验（Young and Sexton，2003）。由此而获得的知识包括机会识别（Corbett，2002；

Ronstadt, 1988; Shane and Venkataraman, 2000); 处理新事物的能力 (Aldrich, 1999; Shepherd et al., 2000; Starr and Bygrave, 1992; Stinchcombe, 1965)。

黎赔肆 (2008) 以企业家的经历作为自变量之一，以企业家的经验年限作为测量项，本章将其测量问项进行改编，发展成测量创业从业经验类知识的问项。表4-3表明了创业从业经验类知识测量条款，所有问题的选项都采用Likert5级量表形式，选项包括了"1非常不同意；2不太同意；3一般；4比较同意；5非常同意"5个选项。

表4-3 创业从业经验类知识测量条款

类 别	代 码	题 项
创业从业经验	TKE1	我担任高层管理者职位这样的经历让我获得很多知识
	TKE2	我从事本行业的经历让我获得很多知识
	TKE3	我参加工作以来的所有经历让我获得很多知识
	TKE4	我的创业经历让我获得很多知识

资料来源：改编自黎赔肆 (2008)。

4. 管理实践类知识的测量量表

管理者隐性知识测量量表 (Tacit Knowledge Inventory for Managers, TKIM) 是 Wagner 和 Sternberg (1985) 开发的量表，在国外广泛应用于管理者隐性知识的相关研究。Wagner 和 Sternberg 提出了企业管理者所拥有隐性知识的基本结构：从内容上可分为管理自我、管理任务和管理他人；从情景上可分为局部情景和全局情景；从定位上可分为理想主义定位和现实主义定位 (Wagner, 1987; Wagner and Sternberg, 1985; Wagner and Sternberg, 1986)。

管理者隐性知识的测量是情景判断测验，原量表包括9个典型管理情景以及91个处理各情景的反应选项。从内容上分为三个分量表，即管理自我、管理任务和管理他人分量表，各包括3个情景和30个左右的反应选项。管理自我的知识是指如何管理自己日常生活的知识，目的是最大化个人的生产率。这包括了所面对的工作的相对重要性的知识，处理这些工作更有效或者不太有效的方式以及激励自己去完成工作的方式。管理他人的知识是指管理下属及其他社会关系的方式，这包括了如何分配工作以使得个人发挥优势回避弱势，如何有效地利用酬劳来提高绩效和工作满意度，以及如何和他人相处。管理任务的知识是指如何做具体的工作的知识。除了这三个类别，隐性知识的框架还包括了两个实施的情景：本土导向和全球导向。本土导向的隐性知识"是关注短期结果"；全球导向"是关注长期结果"（Wagner and Sternberg，1986）。

Sternberg认为因为隐性知识量表测量的是人知道如何工作而不是实际上如何做，所以隐性知识量表是基于专家判断来记分，先请一些专家将每一反应选项在"最好至最差"的等级量表上进行评分，得到一个综合的专家评分，然后计算被试与专家标准离差的绝对值，得分越低表明隐性知识水平越高（Sternberg and Hedlund，2002）。

随后Debbie Richards和Peter Busch基于Sternberg等人的理论，根据形式概念分析（Formal Concept Analysis）方法对被试在隐性知识测试中的差异进行建模分析和比较，把数据可视化，进而分析测量（Richards and Busch，2000）。

鉴于管理者隐性知识测量的重要性，国内不断有学者致力于修订TKIM，发展出适合中国实际的量表。唐可欣对TKIM进行了初步修订，总体而言对于TKIM在内容上的修订较小。在用改动很小的量表对多样本群体进行测试表明该量表具有较好的信度和效度（唐可欣，2004）。但是，唐可欣并没有对专家评分进行修订。因此，该项修订工作具有一定局限性，但在一定程度上说明TKIM在中国具有一定的适用性。连旭、车宏生、田效勋对TKIM进行了更为严格的修订，他们同时对量表和专家评分进行了修订（连旭、车宏生、田效勋，2007）。研究表明，修订后的量表有较好的信效度。他们进一步对量表测量结果进行验证性因子分析，发现中国背景下的管理者隐性知识是一个二阶三因素结构。该结构符合Wagner和Sternberg提出的隐性知识从内容上可分为管理自我、管理他人和管理任务三个方面的假设（Wagner，1987；Wagner and Sternberg，1985）。同样的，马伟群、姜艳萍、康壮依据个体知识能力的特性及其表现程度，提出了一种关于个体知识能力的模糊测评方法（马伟群、姜艳萍、康壮，2004）。程钧谟在分析隐性知识潜在效用的基础上构建了企业隐性知识价值潜力评价体系，将潜在知识竞争力、时效力、潜在效益增加值和共享力作为分析指标（程钧谟，2005）。

近年来，根据Sternberg等人最新的研究，隐性知识测量量表进行了修改简化，这个量表是用来测量美国人日常生活中与工作相关的普通经验知识，而不是之前所涉及的具体的、与工作相关的知识（Cianciolo et al.，2009）。表4-4表明了管理实践类知识测量条款，在本章的研究中，该量表得到采用，所有问题的选项都采用Likert5级量表形式，选项包括了"1非常不同意；2不太同意；3一般；4比较同意；5非常同意"5个选项。

表 4-4　管理实践类知识测量条款

类　别	代　码	题　项
管理自我	TKM11	我对自己的评价很高
	TKM12	我对自己很满意
	TKM13	我自己有很丰富的常识
	TKM14	我自己的学习、研究能力很强
	TKM15	我自己的创新能力很强
	TKM16	我独立工作的能力很强
管理他人	TKM21	我和其他同事的关系很好
	TKM22	我和其他人一起工作很愉快
	TKM23	我和同事在工作上互相帮助
管理任务	TKM31	我对工作很负责任
	TKM32	我对我的工作很有兴趣

资料来源：Cianciolo et al.，2009。

二　创业认知的测量量表

作为最早进行创业认知测验的实证检验的 Kaish 和 Gilad 发现一些对理论支持的经验支持。他们的研究结果表明企业家运用不同的潜在的商业机会信息提高他们的发现商业机会的创业警觉。此外，结果还表明企业家习惯于扫描环境获取信息进而创造新的商业机会，管理者倾向于依靠更为传统的经济分析来决定新机会是否可以生存发展（Kaish and Gilad, 1991）。

Kaish 和 Gilad 用"创业警觉"来描述创业认知，在测量创业警觉性时，他们要求创业者回顾以下几个方面：花费在产生信息流方面的时间和精力；为产生一个信息流而选择的信息源；让机会产生的信息的信号；信息流中信息的数量；信息流中信息的宽度和多样性（Kaish and Gilad，1991）。他们的结果符合了部分期望，但是也揭示了一些未预料到的模式。与公司经理人样本相比，新创企业的创业者花费更多的时间产生信息流，而且更有可能使用不便利的信息源。有趣的是，创业者看起来对风险更关注，而不是对市场潜在信号更关注。成功的创业者行为更像企业的经理人，并不刻意进行大量的信息收集工作。

最早开发创业警觉性量表的研究者也是 Kaish 和 Gilad（1991）。研究是从两个维度角度进行的分析，阅读警觉性和开放思维警觉性，前者意指创业者阅读的商业信息频率以及数量，比如每周阅读杂志的数量、每月阅读商业交易信息杂志的频率，等等；后者意指创业者在商业思考上所投入的时间和精力，比如非工作时间仍然思考如何提升业务、新业务设想的数量等。经过 51 个企业家与 36 个职业经理的对比研究。研究发现，企业主（创业者）采取多种信息来源收集信息，特别关注机会的风险因素，而职业经理更为关注机会的经济性（Economic Cues）。研究的最大结论是企业家相对于职业经理人而言，他们是典型信息的摄取者和学习者。遗憾的是这份量表的信度较低，仅为 0.62。其构思效度之值也没有提及。

KO 和 Butel（2004）在对高科技企业的机会识别研究中探索警觉性、祸联性思考与机会识别的关系研究中对 Kaish 和 Gilad（1991）的量表做了调整和修订，包括："在日常工作进行中，我一直试图探索新的商业点子；在对待一个信息的时候，我总是保持一种关注的眼神来侦测新业务的出现；我对新业务设想总是有一种特殊的敏感和警惕；我每天阅读杂志；我每天阅读报纸；我喜欢经常阅读期刊；我每天在因特网上浏览信息。"本研究主要采取此研究的量表。

态度是认知的重要组成部分（Delmar, 2000），是在给定情形下预测行为的重要指标（Fazio et al., 1983; Fiske and Taylor, 1991），因此本研究采取被访者对题项的同意程度作为题项的答案选项。表4-5表明了创业认知测量条款，所有的问题选项都采用Likert5级量表形式，选项包括了"1非常不同意；2不太同意；3一般；4比较同意；5非常同意"5个选项。

表4-5 创业认知测量条款

类别	代码	题项
创业认知 KO 和 Butel (2004)	EC1	我对有利的机会一直有特别的警觉或者敏感
	EC2	我天生能感觉到潜在的机会
	EC3	我能够区分盈利机会和不怎么盈利的机会
	EC4	在日常工作进行中，我一直试图探索新的商业点子
	EC5	在对待一个信息的时候，我总是保持一种关注的眼神来侦测新业务的出现
	EC6	我对新业务设想总是有一种特殊的敏感

三 风险倾向的测量量表

Sitkin 和 Pablo（1992）认为风险倾向是指决策者的行为，表现为更愿意冒风险或是回避风险的一般倾向。我们根据他们的研究，设计风险倾向的测量条款如表4-6。所有的问题选项都采用Likert5级量表形式，选项包括了"1非常不同意；2不太同意；3一般；4比较同意；5非常同意"5个选项。

表4-6 风险倾向测量条款

类别	代码	题项
风险倾向	RP1	我有处理风险的能力
	RP2	我有能力评估风险
	RP3	我可以很好地应对不确定因素
	RP4	我喜欢承担风险
	RP5	我愿意去捕捉机会

四 企业家异质性人力资本的测量量表

对于人力资本的测量，Bassi等发展出了一套测量人力资本的指标，并对指标进行了详细的解释（Bassi and McMurrer, 2008）。这些指标包括了领导实践、雇员参与、知识获取、学习能力、劳动力最大化几项指标，每个指标下也有相应的分解题项。Bassi和McMurrer（2008）的文章指出这些人力资本测量指标在领导力方面有一定的作用，但是该指标并没有从领导力的理论出发去开发指标。而且对于本书企业家异质性人力资本研究中围绕企业家精神提出的人力资本并不非常适用，因此该量表无法运用到本章的研究中。

Michael等对于经理人人力资本价值专用性和可转移性进行了实证研究，通过面板数据分析，结果表明跳槽到相关企业的经理得到的薪酬比非跳槽的经理更多。文章运用经济学模型对该问题进行了详细的阐释，但是并没有关注人力资本的详细测量（Sturman et al., 2008）。

对于构念企业家异质性人力资本，本章主要整合修改了Acede对于企业家风险感知对于机会识别的研究中企业家的特质（Acede and Florin, 2007）以及Lumpkin等学者对于研究创业导向的变量（Lumpkin and Dess, 1996）。包括了创新、风险承担、前瞻部署等测量项。表4-7表明了企业家异质性人力资本测量条款,所有的问题的选项都采用Likert5级量表形式,选项包括了"1 非常不同意;2 不太同意;3 一般;4 比较同意;5 非常同意"5个选项。

表4-7 企业家异质性人力资本测量条款

类别	代码	题项
自治 (Buttner and Rosen, 1988)	HC11	我做任何事情倾向于依靠自己、自力更生
	HC12	我是个非常独立的人
	HC13	我做事情有高度的自控能力
创新 (Marcati et al., 2008)	HC21	一般而言,我是同行中最后一个采用创新的
	HC22	和同行相比,我拥有很少的创新
	HC23	一般而言,我是同行中最后一个知道最新创新内容的
风险承担	HC31	我愿意经营那些有风险的业务
	HC32	在决策过程中,我总是倾向于高风险的项目,以期获得高回报
	HC33	我相信在公司发展过程中,为了完成公司目标,应当采取大胆的、冒险的行动
	HC34	当决策制定中面对不确定情境时,我总是采取大胆与积极的姿态,从而为公司抓住带来巨大潜在收益的机会
前瞻 (Acede and Florin, 2007)	HC41	我总是在寻找改善生活的事物
	HC42	无论在什么场合我都是建设性改变的重要因素
	HC43	我认为自己的想法得以实现是最令人兴奋的事情
	HC44	我总是在寻找做事情更好的途径

五 其他控制变量的测量量表

本章选择的控制变量包括企业家个人层次的因素，如年龄、性别、学历、政治身份、家庭收入；以及企业层次的因素，如企业主营业务经营所在地、公司年龄、公司规模、公司生命周期阶段、公司所在产业类型等组织层次的因素。控制变量的测量采取单项选择方法。具体的测量标准如下。

企业家的性别：男或女。

企业家年龄：25岁及以下、26～35岁、36～45岁、46～55岁、56岁及以上。

企业家受教育水平：根据国家教育阶段的划分，5阶段：高中及以下、中专、大专/本科、硕士、博士。

企业家政治身份：非人大代表或政协委员、区级人大代表或政协委员、县级人大代表或政协委员、市级人大代表或政协委员、省级人大代表或政协委员、全国人大代表或政协委员（胡旭阳，2006）。

企业家家庭经济收入以问项"我家庭的经济收入状况非常好"来测量，答案包括了"非常不同意、不太同意、一般、比较同意、非常同意"五级量表。

公司主营业务所在地分为：长三角地区、京津唐地区、珠三角地区、中西部地区、东北地区。

企业年龄分5个阶段：5年及以下、6～10年、11～15年、16～20年，以及21年以上。

企业规模以企业员工数量为标准，分5个档次：50人及以下、51～100人、101～500人、501～1000人、1001人及以上。

企业所在的产业分 5 类：高科技、传统制造、建筑/房产、商贸/服务和其他。

企业生命周期根据贺小刚（2005）的测量，分为 4 个阶段（每一阶段都有对应描述）：引进阶段、成长阶段、成熟阶段和衰退阶段，并在此基础上加入再生期选项。

第二节　小样本测试

在正式问卷形成前，需要通过小样本测试对初始量表的有效性进行分析，根据分析结果，对测量条款进行修改或删除（马庆国，2002）。具体而言，本部分对企业家知识、创业认知、风险倾向和企业家异质性人力资本的测量量表的有效性进行分析。小样本来源于复旦大学 MBA 班和 EMBA 班的学员以及朋友关系。通过采取面对面的方式，当场指导被测填写问卷，共回收有效问卷 44 份。这些问卷的应答者主要是中小企业主、或合伙人企业主，或主要决策人，基本符合我们的研究对象。测量条款的有效性测量主要通过信度和效度检验，具体如下。

第一，信度检验。信度（Reliability）指的是如果测量采用同样的方法对同一对象重复进行，一个量表产生一致性结果的程度，通常被用来反映量表测量所得到的结果数据真实程度，即量表测量的可靠性和准确性。因此，问卷的信度是考查问卷测量的可靠性，是指测量所得结果的内部一致性程度。为了最大程度上确保研究分析中所使用的数据是真实可信的，在对问卷进行数据分析前，我们必须考察问卷的信度，以确保测量结果的质量。本研究采用 Cronbach 的内部一致性系数（α 系数）

来分析信度（王重鸣，1990），并采用 Nunnally（1978）与 Churchill 和 Peter（1984）所建议的信度标准来判定，即 Cronbach α 值至少要大于 0.5，且最好能大于 0.7 的信度标准；若小于 0.35 则应拒绝。内部一致性系数最适合同质性检验，检验每一个因子中各个项目是否测量相同或相似的特性，能够准确地反映出测量项目的一致性程度和量表内部结构的良好性。

第二，效度检验。效度（Validity）是指实际测量值真实反映试图测量特征的程度，可分为内容效度和建构效度。内容效度是指测量条款是否具有代表性和综合性。由于内容效度的评价一般通过文献和访谈分析，本研究问卷的内容效度也得到了满足。建构效度是指测量条款与被研究的理论概念之间的一致性程度，进一步可以分为收敛效度和区分效度，收敛效度是指同一变量的测量条款的一致性，即测量条款是否高度相关。在小样本测试中，通过计算每一测量条款的 CITC 值（Corrected-Item Total Correlation），通过剔除不合格的条款来提高测量的收敛效度。CITC 法是通过计算同一变量中的每一测量条款与该变量中其他测量条款总和的相关系数来评价的。一般来说，当 CITC 小于 0.5 时，就该删除该测量条款（谢荷锋，2007），也有学者认为 0.4 也符合研究的要求（卢纹岱，2002），本书以 0.3 为净化测量条款的标准。区分效度是指不同变量之间的差异化程度，区分效度通常的评价方法是探索性因子分析法，即通过计算测量条款的因子载荷进行评价。我们将在大样本调查中通过探索性因子分析进行区分效度的检验。

一 学术知识量表的净化和信度分析

学术知识的各测量项目的 CITC 和信度检验结果见表 4-8。由表 4-8 中的数据可知，学术知识各个测量项目的 CITC 最小值为 0.713，最大值为 0.849，均大于 0.4 的标准，各测量项目有较高的信度，符合量表的基本测量要求。另外，学术知识总的 Cronbach's α 系数是 0.900。α 系数均超过 0.7 的可接受水平，表示构成量表的内部一致性可接受，该量表具有较好的信度。

表 4-8 学术知识量表的 CITC 和信度分析

测量条款	CITC	CAID	Cronbach's α
（EK1）我从学校学习中获得的知识很多	0.713	0.893	
（EK2）我从各种培训中获得的知识很多	0.849	0.843	
（EK3）我从书籍、杂志与报纸中学到的知识很多	0.732	0.887	
（EK4）我通过上网学到的知识很多	0.818	0.856	
企业家学术知识（包含4个问项）			0.900

注：CITC：Corrected - Item Total Correlation；CAID：Cronbach's Alpha if Item Deleted。

二 企业家社会网络类知识量表的净化和信度分析

企业家社会网络类知识量表的净化和信度分析见表 4-9。表 4-9 表明，企业家社会网络类知识各个测量条款的 CITC 值比较高，最小值为 0.577，最大值为 0.829，均大于 0.4 的标准，各测量项目有较高的信度，符合量表的基本测量要求。通过计算 Cronbach 内部一致性系数，我们发现产业链上下游利益相关者（核心类社会网络）与咨询类（辅助类社会网络）量表的 α 系数分别为 0.799 和 0.909，企业家社会网络类知识研究构面的 α 系数超过 0.7 以上的可接受水平，表示构成量表的内部一致性可接受，测量的一致性程度较高，该量表具有较好的信度。

表 4-9 企业家社会网络类知识量表的 CITC 和信度分析

测量条款	CITC	CAID	Cronbach's α
一　产业链上下游利益相关者（核心类社会网络）			
（TKN11）我从供应商那里学习到很多知识	0.577	0.792	0.799
（TKN12）我从制造商那里学习到很多知识	0.676	0.692	
（TKN13）我从分销商/零售商那里学习到很多知识	0.686	0.681	
二　咨询类（辅助类社会网络）			
（TKN21）我从会计专业人员那里学习到很多知识	0.817	0.873	0.909
（TKN22）我从金融机构那里学习到很多知识	0.829	0.869	
（TKN23）我从法律机构那里学习到很多知识	0.813	0.875	
（TKN24）我从保险机构那里学习到很多知识	0.717	0.907	
企业家社会网络类知识（包含7个问项）			0.887

注：CITC：Corrected-Item Total Correlation；CAID：Cronbach's Alpha if Item Deleted。

三　企业家创业从业经验类知识量表的净化和信度分析

企业家创业从业经验知识量表的净化和信度分析见表 4-10。表 4-10 表明，企业家创业从业经验类知识各个测量条款的 CITC 值比较高，最小值为 0.734，最大值为 0.819，均大于 0.4 的标准，各测量项目有较高的信度，符合量表的基本测量要求。通过计算 Cronbach 内部一致性系数，我们发现企业家社会网络类知识量表的一致性系数达到 0.891，研究构面的 α 系数超过 0.7 以上的可接受水平，表示构成量表的内部一致性可接受，测量的一致性程度较高，该量表具有较好的信度。这说明，企业家社会网络类知识量表 4 个测量条款反映的是同一变量。

表 4-10 企业家创业从业经验类知识量表的 CITC 和信度分析

测量条款	CITC	CAID	Cronbach's α
(TKE1) 我担任高层管理者职位这样的经历让我获得很多知识	0.819	0.838	
(TKE2) 我从事本行业的经历让我获得很多知识	0.768	0.865	
(TKE3) 我参加工作以来的所有经历让我获得很多知识	0.819	0.852	
(TKE4) 我的创业经历让我获得很多知识	0.734	0.887	
企业家创业从业经验类知识（包含 4 个问项）			0.891

注：CITC：Corrected-Item Total Correlation；CAID：Cronbach's Alpha if Item Deleted。

四 企业家管理实践类知识量表的净化和信度分析

企业家管理实践类知识量表的各测量项目的 CITC 和信度检验结果见表 4-11。由表 4-11 中的数据可知，测量企业家管理实践类知识各维度的项目的 CITC 最小值为 0.587，最大值为 0.844，均大于 0.4 的标准，各测量项目有较高的信度，符合量表的基本测量要求。在企业家管理实践类知识各维度中，管理自我、管理他人、管理任务的 α 系数分别为 0.871、0.883 和 0.915。企业家管理实践类知识总的 Cronbach's α 系数是 0.922。α 系数均超过 0.7 的可接受水平，表示构成量表的内部一致性可接受，该量表具有较好的信度。

表 4-11 企业家管理实践类知识量表的 CITC 和信度分析

测量条款	CITC	CAID	Cronbach's α
一 管理自我			
（TKM11）我对自己的评价很高	0.844	0.816	
（TKM12）我对自己很满意	0.699	0.846	
（TKM13）我自己有很丰富的常识	0.587	0.864	0.871
（TKM14）我自己的学习、研究能力很强	0.589	0.864	
（TKM15）我自己的创新能力很强	0.665	0.851	
（TKM16）我独立工作的能力很强	0.667	0.850	
二 管理他人			
（TKM21）我和其他同事的关系很好	0.735	0.870	
（TKM22）我和其他人一起工作很愉快	0.792	0.818	0.883
（TKM23）我和同事在工作上互相帮助	0.808	0.815	
三 管理任务			
（TKM31）我对工作很负责任	0.844		0.915
（TKM32）我对我的工作很有兴趣	0.844		
企业家管理实践类知识（包含 11 个问项）			0.922

注：CITC：Corrected-Item Total Correlation；CAID：Cronbach's Alpha if Item Deleted。

五 创业认知量表的净化和信度分析

企业家创业认知量表的净化和信度分析见表 4-12。表 4-12 表明，量表测量条款的 CITC 值比较高，最小值为 0.635，最大值为 0.782，均大于 0.4 的标准，各测量项目有较高的信度，符合量表的基本测量要求。通过计算 Cronbach 内部一致性系数，企业家创业认知量表的一致性系数达到 0.900，研究构面的 α 系数超过 0.7 以上的可接受水平，表示构成量表的内部一致性可接受，测量的一致性程度较高，该量表具有较好的信度。这说明，企业家创业认知量表 6 个测量条款反映的是同一变量。

表4-12　企业家创业认知量表的CITC和信度分析

测量条款	CITC	CAID	Cronbach's α
(EC1) 我对有利的机会一直有特别的警觉或者敏感性	0.753	0.880	
(EC2) 我天生能感觉到潜在的机会	0.635	0.898	
(EC3) 我能够区分盈利机会和不怎么盈利的机会	0.735	0.881	
(EC4) 在日常工作进行中,我一直试图探索新的商业点子	0.782	0.874	
(EC5) 在对待一个信息的时候,我总是保持一种关注的眼神来侦测新业务的出现	0.776	0.875	
(EC6) 我对新业务设想总是有一种特殊的敏感	0.710	0.885	
企业家创业认知维度(包含6个问项)			0.900

注：CITC：Corrected-Item Total Correlation；CAID：Cronbach's Alpha if Item Deleted。

六　风险倾向量表的净化和信度分析

企业家风险倾向量表的净化和信度分析见表4-13。表4-13表明,量表测量条款的CITC值比较高,最小值为0.705,最大值为0.869,均大于0.4的标准,各测量项目有较高的信度,符合量表的基本测量要求。通过计算Cronbach内部一致性系数,企业家创业认知量表的一致性系数达到0.918,研究构面的α系数超过0.7以上的可接受水平,表示构成量表的内部一致性可接受,测量的一致性程度较高,该量表具有较好的信度。这说明,企业家创业认知量表5个测量条款反映的是同一变量。

表 4-13　企业家风险倾向量表的 CITC 和信度分析

测量条款	CITC	CAID	Cronbach's α
（RP1）我有处理风险的能力	0.799	0.898	
（RP2）我有能力评估风险	0.869	0.884	
（RP3）我可以很好地应对不确定因素	0.830	0.893	
（RP4）我喜欢承担风险	0.705	0.923	
（RP5）我愿意去捕捉机会	0.779	0.902	
企业家风险倾向维度（包含 5 个问项）			0.918

注：CITC：Corrected-Item Total Correlation；CAID：Cronbach's Alpha if Item Deleted。

七　企业家异质性人力资本自治维度量表的净化和信度分析

企业家异质性人力资本自治维度量表的净化和信度分析见表 4-14。表 4-14 表明，企业家异质性人力资本自治维度各个测量条款的 CITC 值比较高，最小值为 0.712，最大值为 0.815，均大于 0.4 的标准，各测量项目有较高的信度，符合量表的基本测量要求。通过计算 Cronbach 内部一致性系数，企业家异质性人力资本自治维度量表的一致性系数达到 0.875，研究构面的 α 系数超过 0.7 以上的可接受水平，表示构成量表的内部一致性可接受，测量的一致性程度较高，该量表具有较好的信度。这说明，企业家异质性人力资本自治维度量表 3 个测量条款反映的是同一变量。

表 4-14　企业家自治的 CITC 和信度分析

测量条款	CITC	CAID	Cronbach's α
（HC11）我做任何事情倾向于依靠自己、自力更生	0.712	0.869	
（HC12）我是个非常独立的人	0.815	0.770	
（HC13）我做事情有高度的自控能力	0.757	0.828	
企业家异质性人力资本自治维度（包含 3 个问项）			0.875

注：CITC：Corrected-Item Total Correlation；CAID：Cronbach's Alpha if Item Deleted。

八 企业家异质性人力资本创新维度量表的净化和信度分析

企业家异质性人力资本创新维度量表的净化和信度分析见表 4-15。表 4-15 表明,企业家异质性人力资本创新维度各个测量条款的 CITC 值比较高,最小值为 0.763,最大值为 0.786,均大于 0.4 的标准,各测量项目有较高的信度,符合量表的基本测量要求。通过计算 Cronbach 内部一致性系数,企业家异质性人力资本创新维度量表的一致性系数达到 0.882,研究构面的 α 系数超过 0.7 以上的可接受水平,表示构成量表的内部一致性可接受,测量的一致性程度较高,该量表具有较好的信度。这说明,企业家异质性人力资本创新维度 3 个测量条款反映的是同一变量。

表 4-15 企业家创新量表的 CITC 和信度分析

测量条款	CITC	CAID	Cronbach's α
(HC21) 一般而言,我是同行中最后一个采用创新的(反向问题)	0.786	0.821	
(HC22) 和同行相比,我拥有很少的创新(反向问题)	0.768	0.836	
(HC23) 一般而言,我是同行中最后一个知道最新创新内容的(反向问题)	0.763	0.839	
企业家异质性人力资本创新维度(包含 3 个问项)			0.882

注:CITC:Corrected - Item Total Correlation;CAID:Cronbach's Alpha if Item Deleted。

九 企业家异质性人力资本风险承担维度量表的净化和信度分析

企业家异质性人力资本风险承担维度量表的净化和信度分析见表4-16。表4-16表明,企业家异质性人力资本风险承担维度各个测量条款的CITC值比较高,最小值为0.755,最大值为0.818,均大于0.4的标准,各测量项目有较高的信度,符合量表的基本测量要求。通过计算Cronbach内部一致性系数,企业家异质性人力资本风险承担维度量表的一致性系数达到0.902,研究构面的α系数超过0.7以上的可接受水平,表示构成量表的内部一致性可接受,测量的一致性程度较高,该量表具有较好的信度。这说明,企业家异质性人力资本风险承担维度量表4个测量条款反映的是同一变量。

表4-16 企业家风险承担量表的CITC和信度分析

测量条款	CITC	CAID	Cronbach's α
(HC31) 我愿意经营那些有风险的业务	0.783	0.873	
(HC32) 在决策过程中,我总是倾向于高风险的项目,以期获得高回报	0.755	0.882	
(HC33) 我相信在公司发展过程中,为了完成公司目标,应当采取大胆的、冒险的行动	0.818	0.862	
(HC34) 当决策制定中面对不确定情境时,我总是采取大胆与积极的姿态,从而为公司抓住带来巨大潜在收益的机会	0.780	0.874	
企业家异质性人力资本风险承担维度(包含4个问项)			0.902

注:CITC:Corrected-Item Total Correlation;CAID:Cronbach's Alpha if Item Deleted。

十 企业家异质性人力资本前瞻维度量表的净化和信度分析

企业家异质性人力资本前瞻维度量表的净化和信度分析见表4-17。表4-17表明,企业家异质性人力资本前瞻维度各个测量条款的CITC值比较高,最小值为0.687,最大值为0.794,均大于0.4的标准,各测量项目有较高的信度,符合量表的基本测量要求。

表4-17 企业家前瞻量表的CITC和信度分析

测量条款	CITC	CAID	Cronbach's α
(HC41) 我总是在寻找改善生活的事物	0.727	0.853	
(HC42) 无论在什么场合我都是建设性改变的重要因素	0.687	0.867	
(HC43) 我认为自己的想法得以实现是最令人兴奋的事情	0.762	0.839	
(HC44) 我总是在寻找做事情更好的途径	0.794	0.826	
企业家异质性人力资本前瞻维度(包含4个问项)			0.881

注:CITC:Corrected-Item Total Correlation;CAID:Cronbach's Alpha if Item Deleted。

通过计算Cronbach内部一致性系数,企业家异质性人力资本前瞻维度量表的一致性系数达到0.881,研究构面的α系数超过0.7以上的可接受水平,表示构成量表的内部一致性可接受,测量的一致性程度较高,该量表具有较好的信度。这说明,企业家异质性人力资本前瞻维度量表4个测量条款反映的是同一变量。

第三节 小结

本研究的问卷采取封闭式设计,除了控制变量外,其他研究构念的问题选项均采用通过利克特（Likert）5级量表形式，选项包括了"1 非常不同意；2 不太同意；3 一般；4 比较同意；5 非常同意"5个选项。

本问卷的测试变量主要包括学术知识、社会网络类知识、创业从业经验类知识、管理实践类知识、企业家异质性人力资本、创业认知和风险倾向的变量，以及一些相关的控制变量。这些变量均来自已有的量表，但是结合本研究的主题进行了相应的修改。

接下来本研究通过小样本预调研对问卷质量进行检测。对问卷质量的检验包括了信度和效度分析，具体指标包括了Cronbach α 值和CITC值。数据清理的结果表明，量表的一致性程度较高，具有良好的信度和效度。

第五章
大样本数据收集与分析

第一节 抽样与问卷发放

整个数据收集的过程持续时间为4个月，数据收集的过程包括了抽样对象的界定、抽样方式的选择和问卷发放方式的选择。

一 抽样对象

一级抽样：企业抽样。在抽样时，对企业的选择是私营企业。私营企业是指由自然人投资设立或由自然人控股，以雇佣劳动为基础的营利性经济组织，包括按照《公司法》《合伙企业法》《私营企业暂行条例》规定登记注册的私营有限责任公司、私营股份有限公司、私营合伙企业和私营独资企业。此外，还有部分的民营企业也作为了抽样对象。在《公司法》中，企业类型是按照企业的资本组织形式来划分，主要有：国有独资、国有控股、有限责任公司、股份有限公司、合伙企业和个人独资企业等。按照民营企业的内涵，除国有独资、国有控股外，其他类型的企业中只要没有国有资本，均属民营企业。

二级抽样：企业家抽样。前文已对企业家的界定和表现形式做了界定，在抽样调查中，问卷发放人员选择企业的所有者进行问卷访谈。

二 抽样过程

抽样范围主要包括北京、长三角地区（江苏、上海、浙江）、西部地区（陕西）和中部地区（山西），还有少数样本来自安徽和黑龙江。抽样涵盖地区较广，能够比较全面地反映出国内企业家的信息。

本研究采用两种抽样方式：一是随机抽样，利用工商企业名录抽样框对企业进行抽样调查。这种抽样方式主要在山西省进行，通过山西省晋城市工商局和山西省晋城市经济技术开发区提供的私营企业名录进行抽样调查。第二种抽样方式是方便抽样和滚雪球抽样。这种抽样方式主要在山西以外的其他地区进行，主要是挑选已经熟识的企业家对其进行问卷访谈，并由其介绍其他熟识的企业家进行问卷填答。以上两种方法都由个人关系做基础，这样既保证了问卷回收率，也保证了问卷填答的有效性，这种方法已被证明是可行的方法之一（Zhao and Aram，1995）。

三 问卷发放形式

问卷发放主要通过以下几种形式进行：第一种是纸质版，调查人员对被访者进行"一对一"的问卷访谈，对问卷的问项进行解释，并监督被访者认真完成问卷的填写；第二种形式是电子版，通过电子邮件传送 WORD 版的问卷，与被访者进行邮件沟通，并最终以邮件形式回传电子版的问卷。第三种形式是网页版，被访者通过 EnableQ 在线调查问卷引擎[①]可以进行问卷的填答。本次调查共发放问卷 500 份，收回问卷 226 份，符合本研究的有效问卷 165 份。

第二节 数据清理

数据质量体现在被访者的填答态度是否认真以及纸质版和电子版问卷输入过程是否有误。在数据分析之前，进行数据清理可以保证数据质量的最优。

一 缺失项处理

在回收的问卷中，涉及模型变量的题项有些被访者没有填答，处理这样的问卷首先是寻找该被访者的联系方式，如果通过电话或者电子邮件方式可以联系到被访者，则重新询问漏填项的答案。如果无法得到被访者的答案，则将该问卷视为废卷处理。

二 异常值的检验

为了检验问卷输入过程中的失误，本书采用 Stata10.0 对于问卷的所有题项进行了描述统计，包括检验每题项答案的最大最小值、每个选项的频率分布，并辅以散点图进行检验（见图 5-1、图 5-2），从中发现不符合选项的答案，并在问卷原件中寻找异常值的原因。如果是输入错误，则重新校正；如果是填答错误，则与被访者进行联系修正。

[①] http://enableq.gl.fudan.edu.cn/q.php? qname=diaocha001.

```
. sum _2age
```

Variable	Obs	Mean	Std. Dev.	Min	Max
_2age	128	2.78125	.8126703	1	5

```
. tab _2age
```

_2age	Freq.	Percent	Cum.
1	4	3.13	3.13
2	46	35.94	39.06
3	53	41.41	80.47
4	24	18.75	99.22
5	1	0.78	100.00
Total	128	100.00	

图 5-1 频率分布图

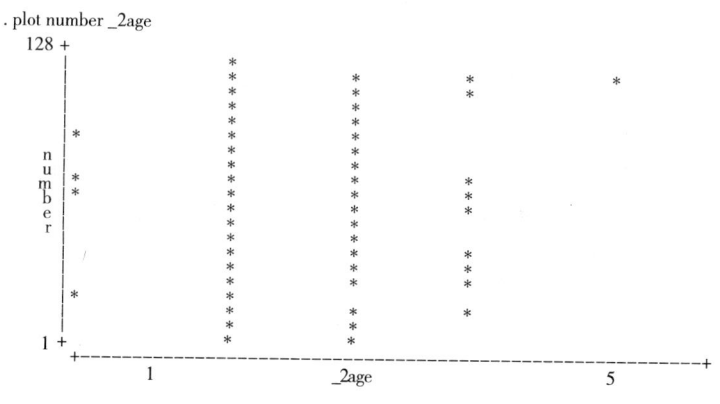

```
. plot number _2age
```

图 5-2 散点图

三 被访者填答态度检验

为了保证问卷填答的信度,本问卷中设计了反向问题,即"一般而言,我是同行中最后一个知道最新创新内容的"和"我先于他人知道创新的内容",从这两个题目中,可以检测出被访者是否认真填答问卷。如果选项表达内容不一致,则将该问卷视为作废问卷。

第三节 企业家、企业数据描述性统计分析

一 企业家人口统计特征描述

运用统计软件 SPSS16.0 对于企业家的个体特征描述如下所示。

（1）企业家性别

调查结果显示，男性企业家被访者有 120 人，占样本总体的 72.7%；女性企业家 45 人，占样本总体的 27.3%（见表 5-1）。

表 5-1 调查样本的性别分布

单位：%

性别	频数	百分比	有效百分比	累积百分比
男	120	72.7	72.7	72.7
女	45	27.3	27.3	100.0
总数	165	100.0	100.0	

（2）企业家年龄

企业家年龄也趋于正态分布，25 岁及以下的人数为 6 人，占样本总体的 3.6%；26~35 岁的企业家 66 人，占样本总体的 40.0%；36~45 岁的企业家 64 人，占样本总体的 38.8%；46~55 岁的 26 人，占样本总体的 15.8%；56 岁及以上的企业家 3 人，占样本总体的 1.8%（见表 5-2）。

表 5-2 调查样本的年龄分布

单位：%

年龄	频数	百分比	有效百分比	累积百分比
25 岁及以下	6	3.6	3.6	3.6
26~35 岁	66	40.0	40.0	43.6
36~45 岁	64	38.8	38.8	82.4
46~55 岁	26	15.8	15.8	98.2
56 岁及以上	3	1.8	1.8	100.0
总数	165	100.0	100.0	

(3) 企业家学历

在企业家的学历选项中,小学学历的 2 人,占样本总体的 1.2%;初中学历的 9 人,占样本总体的 5.5%;高中学历的 20 人,占样本总体的 12.1%;专科学历的 37 人,占样本总体的 22.4%;本科学历的 65 人,占样本总体的 39.4%;硕士 26 人,占样本总体的 15.8%;博士 5 人,占样本总体的 3.0%;其他 1 人,占样本总体的 0.6%(见表 5-3)。

表 5-3 调查样本的学历分布

单位:%

学 历	频 数	百分比	有效百分比	累积百分比
小 学	2	1.2	1.2	1.2
初 中	9	5.5	5.5	6.7
高 中	20	12.1	12.1	18.8
专 科	37	22.4	22.4	41.2
本 科	65	39.4	39.4	80.6
硕 士	26	15.8	15.8	96.4
博 士	5	3.0	3.0	99.4
其 他	1	0.6	0.6	100.0
总 数	165	100.0	100.0	

(4) 企业家政治身份

企业家的政治身份中,非人大代表或政协委员的 143 人,占样本总体的 86.7%;区级人大代表或政协委员 8 人,占样本总体的 4.8%;县级人大代表或政协委员 1 人,占样本总体的 0.6%;市级人大代表或政协委员 10 人,占样本总体的 6.1%;省级人大代表或政协委员 2 人,占样本总体的 1.2%;全国人大代表或政协委员 1 人,占样本总体的 0.6%(见表 5-4)。

表5-4　调查样本的企业家政治身份分布

单位:%

政治身份	频数	百分比	有效百分比	累积百分比
非人大代表或政协委员	143	86.7	86.7	86.7
区级人大代表或政协委员	8	4.8	4.8	91.5
县级人大代表或政协委员	1	0.6	0.6	92.1
市级人大代表或政协委员	10	6.1	6.1	98.2
省级人大代表或政协委员	2	1.2	1.2	99.4
全国人大代表或政协委员	1	0.6	0.6	100.0
总　数	165	100.0	100.0	

二　企业家所在企业特征描述

(1) 公司主营业务所在地

公司主营业务中，长三角地区的公司84家，占样本总体的50.9%；京津唐地区的公司2家，占样本总体的1.2%；珠三角地区的公司1家，占样本总体的0.6%；中西部地区的公司75家，占样本总体的45.5%；东北地区的公司3家，占样本总体的1.8%（见表5-5）。

表5-5　主营业务所在地的描述统计

单位:%

主营业务所在地	频数	百分比	有效百分比	累积百分比
长三角地区	84	50.9	50.9	50.9
京津唐地区	2	1.2	1.2	52.1
珠三角地区	1	0.6	0.6	52.7
中西部地区	75	45.5	45.5	98.2
东北地区	3	1.8	1.8	100.0
总　数	165	100.0	100.0	

(2) 公司年龄

公司的年龄中，5年及以下的公司27家，占样本总体的

16.4%；6~10年的公司57家，占样本总体的34.5%；11~15年的公司35家，占样本总体的21.2%；16~20年的公司14家，占样本总体的8.5%；20年以上的公司32家，占样本总体的19.4%（见表5-6）。

表5-6 公司年龄的描述统计

单位：%

公司年龄	频数	百分比	有效百分比	累积百分比
5年及以下	27	16.4	16.4	16.4
6~10年	57	34.5	34.5	50.9
11~15年	35	21.2	21.2	72.1
16~20年	14	8.5	8.5	80.6
20年以上	32	19.4	19.4	100.0
总 数	165	100.0	100.0	

（3）公司规模

公司的人数是体现公司规模的一个指标，在样本中，50人以下的公司39家，占样本总体的23.6%；51~100人的公司31家，占样本总体的18.8%；101~500人的公司36家，占样本总体的21.8%；501~1000人的公司18家，占样本总体的10.9%；1000人以上的公司41家，占样本总体的24.8%（见表5-7）。

表5-7 公司规模的描述统计

单位：%

公司规模	频数	百分比	有效百分比	累积百分比
50人以下	39	23.6	23.6	23.6
51~100人	31	18.8	18.8	42.4
101~500人	36	21.8	21.8	64.2
501~1000人	18	10.9	10.9	75.2
1000人以上	41	24.8	24.8	100.0
总 数	165	100.0	100.0	

(4) 公司产品销售范围

公司产品销售范围中,销往国内的公司 112 家,占样本总体的 67.9%;销往国外的公司 7 家,占样本总体的 4.2%;销往国内外的公司 46 家,占样本总体的 27.9%(见表 5-8)。

表 5-8 公司产品销售范围的描述统计

单位:%

产品销售范围	频 数	百分比	有效百分比	累积百分比
国 内	112	67.9	67.9	67.9
国 外	7	4.2	4.2	72.1
国内外	46	27.9	27.9	100.0
总 数	165	100.0	100.0	

(5) 公司所处生命周期阶段

处于初创期的企业 19 家,占样本总体的 11.5%;处于成长期的企业 82 家,占样本总体的 49.7%;处于成熟期的企业 57 家,占样本总体的 34.5%;处于衰退期的企业 6 家,占样本总体的 3.6%;处于再生期的企业 1 家,占样本总体的 0.6%(见表 5-9)。

表 5-9 公司所处生命周期阶段的描述统计

单位:%

所处生命周期阶段	频 数	百分比	有效百分比	累积百分比
初创期	19	11.5	11.5	11.5
成长期	82	49.7	49.7	61.2
成熟期	57	34.5	34.5	95.8
衰退期	6	3.6	3.6	99.4
再生期	1	0.6	0.6	100.0
总 数	165	100.0	100.0	

(6) 公司所属行业

本书将公司行业分为高科技产业、传统制造、建筑/房产、商贸/服务和其他 5 类。高科技是指计算机/软件/网络/电信/通信/电子/生物制造/高分子等科技含量高的产业；传统制造是指机械/设备/仪表/纺织/建材等科技含量低的产业；商贸/服务是指运输/仓储/金融/保险/创意/娱乐/会务/会展/旅游/餐饮/教育等。样本公司所属的行业分布见表 5-10。

表 5-10 公司所属行业的描述统计

单位:%

所属行业	频 数	百分比	有效百分比	累积百分比
高科技	35	21.2	21.2	21.2
传统制造	34	20.6	20.6	41.8
建筑/房产	6	3.6	3.6	45.5
商贸/服务	70	42.4	42.4	87.9
其他	20	12.1	12.1	100.0
总 数	165	100.0	100.0	

第四节 企业家知识、企业家人力资本、创业认知、风险倾向的探索性因子分析

在第四章的小样本测试中，我们初步进行了信度和效度的部分检验，接下来我们将通过探索性因子分析对问卷的效度进行检验。探索性因子分析主要利用主成分分析法（Principle Component Methods），采用最大方差法进行正交旋转，将特征值大于 1 作为因子提取标准。如果观测数据适合做因子分析，并且测量同一维度的指标因子负载较大（通常需要高于 0.400），同时这些指标在其他维度上的因子负载较小（通常需要低于

0.400），则表明该量表具有良好的内部结构，效度较高（陈晓萍，徐淑英，樊景立，2008）。

此外，在进行因子分析之前，要对样本进行 KMO（Kaiser-Meyer-Olkin）和巴特利球形检验（Bartlett Test of Sphericity），判断是否可进行因子分析。一般认为，KMO 样本测度是检验变量之间相关性的方法，KMO 检验的数值变化从 0 到 1，一般来说，KMO 越接近 1，就越适合作因子分析，如果 KMO 值过小，表明变量偶对之间的相关不能被其他变量解释，进行因子分析不合适。KMO 的值为 0.9 以上"非常适合"，0.8~0.9"很适合"，0.7~0.8"适合"，0.6~0.7"不太适合"，0.5~0.6"很勉强"，0.5 以下"不适合"。

Bartlett 球体检验的目的是确定所要求的数据是否取自多元正态分布的总体，若差异检验的 F 值显著，表示索取数据来自正态分布，可以做进一步的分析。具体而言，巴特莱特球体检验的统计卡方值显著性概率小于显著性水平时，即可作为因子分析（马庆国，2002）。

本研究基于随机抽取的一半样本数据（偶数编码）进行探索性因子分析，另一半数据进行验证性因子分析。

一 企业家学术知识量表的探索性因子分析

探索性因子分析的结果表明，学术知识量表的 Bartlett's 检验卡方值显著性概率为 0.000，KMO 值为 0.773，表明适合进行探索性因子分析（见表 5-11）。

根据探索性因子分析的结果，可以从学术知识的 4 个题项中提取出 1 个因子，这 1 个因子累积解释总体变异的 64.817%（见表 5-12）。根据测量项目的内容，将此因子命名为"学术知识"

(见表5-13)。通过计算 Cronbach 内部一致性系数,此因子的一致性系数为0.819。表明学术知识测量项目的内部一致性程度较好,并且内部结构良好,问卷测量的信度是可以接受的。

表5-11 KMO 值和巴特利球形检验

KMO 样本测度		0.773
巴特利球形检验	Approx. Chi-Square	113.091
	自由度	6
	显著性	0.000

表5-12 解释的总体变异

成分	初始特征根			提取载荷平方和		
	总数	变异百分比	累积百分比	总数	变异百分比	累积百分比
1	2.593	64.817	64.817	2.593	64.817	64.817
2	0.637	15.924	80.741			
3	0.449	11.232	91.973			
4	0.321	8.027	100.000			

提取方法:主成分分析法

表5-13 学术知识量表的探索性因素分析

因子	测度变量(外显变量)	因子负荷
学术知识	我从学校学习中获得的知识很多	0.749
	我从各种培训中获得的知识很多	0.824
	我从书籍、杂志与报纸中学到的知识很多	0.871
	我通过上网学到的知识很多	0.771

注:提取方法包括主成分分析法;旋转方法:正交的方差极大法旋转。

二 企业家社会网络类知识量表的探索性因子分析

探索性因子分析的结果表明,企业家社会网络类知识量表的 Bartlett's 检验卡方值显著性概率为 0.000，KMO 值为 0.795，表明适合进行探索性因子分析（见表 5-14）。

根据探索性因子分析的结果，可以从企业家社会网络类知识的 7 个题项中提取出 2 个因子，这 2 个因子累积解释总体变异的 77.239%（见表 5-15）。有 4 个项目在 F1 上载荷较大，有 3 个项目在 F2 上载荷较大，符合原构思。根据测量项目的内容，将这 2 个因子命名为"咨询类（辅助类社会网络）"和"产业链上下游利益相关者（核心类社会网络）"（见表 5-16）。通过计算 Cronbach 内部一致性系数，"咨询类（辅助类社会网络）"和"产业链上下游利益相关者（核心类社会网络）"2 个因子的一致性系数分别达到 0.917 和 0.803，7 个因素的整体 Cronbach 内部一致性系数为 0.848。各个因素的 α 系数均大于 0.70，表明同一个维度间测量项目的内部一致性程度较好，并且内部结构良好，问卷测量的信度是可以接受的。

表 5-14 KMO 值和巴特利球形检验

KMO 样本测度		0.795
巴特利球形检验	Approx. Chi-Square	342.354
	自由度	21
	显著性	0.000

表 5-15 解释的总体变异

单位：%

成分	初始特征根			提取载荷平方和			旋转载荷平方和		
	总数	变异百分比	累积百分比	总数	变异百分比	累积百分比	总数	变异百分比	累积百分比
1	3.709	52.979	52.979	3.709	52.979	52.979	3.217	45.960	45.960
2	1.698	24.260	77.239	1.698	24.260	77.239	2.190	31.279	77.239
3	0.596	8.508	85.747						

续表

成分	初始特征根			提取载荷平方和			旋转载荷平方和		
	总数	变异百分比	累积百分比	总数	变异百分比	累积百分比	总数	变异百分比	累积百分比
4	0.344	4.920	90.667						
5	0.290	4.145	94.812						
6	0.195	2.780	97.592						
7	0.169	2.408	100.000						

提取方法：主成分分析法

表 5-16 企业家社会网络类知识量表的探索性因素分析

因子	测度变量（外显变量）	因子负荷	
		F1	F2
产业链上下游利益相关者（核心类社会网络）	我从供应商那里学习到很多知识	-0.006	0.774
	我从制造商那里学习到很多知识	0.246	0.861
	我从分销商/零售商那里学习到很多知识	0.191	0.866
咨询类（辅助类社会网络）	我从会计专业人员那里学习到很多知识	0.905	0.071
	我从金融机构那里学习到很多知识	0.905	0.137
	我从法律机构那里学习到很多知识	0.836	0.256
	我从保险机构那里学习到很多知识	0.885	0.101

注：提取方法：主成分分析法；旋转方法：正交的方差极大法旋转；经过了三次迭代。

三 企业家创业从业经验类知识量表的探索性因子分析

探索性因子分析的结果表明，企业家创业从业经验类知识量表的 Bartlett's 检验卡方值显著性概率为 0.000，KMO 值为 0.657，表明适合进行探索性因子分析（见表 5-17）。

根据探索性因子分析的结果，可以从企业家创业从业经验类知识的4个题项中提取出1个因子，这1个因子累积解释总体变异的55.596%（见表5-18）。根据测量项目的内容，将此因子命名为"创业从业经验类隐性知识"（见表5-19）。通过计算Cronbach内部一致性系数，此因子的一致性系数为0.690。测量项目的内部一致性程度较好，并且内部结构良好，问卷测量的信度是可以接受的。

表5-17 KMO值和巴特利球形检验

KMO样本测度		0.657
巴特利球形检验	Approx. Chi-Square	78.496
	自由度	6
	显著性	0.000

表5-18 解释的总体变异

单位:%

成分	初始特征根			提取载荷平方和		
	总数	变异百分比	累积百分比	总数	变异百分比	累积百分比
1	2.224	55.596	55.596	2.224	55.596	55.596
2	0.916	22.906	78.503			
3	0.489	12.236	90.738			
4	0.370	9.262	100.000			

提取方法：主成分分析法

表5-19 企业家创业从业经验类知识量表的探索性因素分析

因子	测度变量（外显变量）	因子负荷
创业从业经验类知识	我担任高层管理者职位这样的经历让我获得很多知识	0.795
	我从事本行业的经历让我获得很多知识	0.778
	我参加工作以来的所有经历让我获得很多知识	0.787
	我的创业经历让我获得很多知识	0.605

注：提取方法：主成分分析法；旋转方法：正交的方差极大法旋转。

四 企业家管理实践类知识量表的探索性因子分析

探索性因子分析的结果表明,企业家管理实践类知识量表的巴特利球形检验卡方值显著性概率为 0.000,KMO 值为 0.856,表明适合进行探索性因子分析(见表 5-20)。

根据探索性因子分析的结果,可以从企业家管理实践类知识的 11 个题项中提取出 2 个因子,这 2 个因子累积解释总体变异的 67.678%(见表 5-21)。有 6 个项目在 F1 上载荷较大,有 5 个项目在 F2 上载荷较大,但是测量题项"我对我的工作很有兴趣"出现在 F1 和 F2 上交叉载荷的现象,因此将此题项删除(见表 5-22)。

表 5-20 KMO 值和巴特利球形检验

KMO 样本测度		0.856
巴特利球形检验	Approx. Chi - Square	557.016
	自由度	55
	显著性	0.000

表 5-21 解释的总体变异

单位:%

成分	初始特征根			提取载荷平方和			旋转载荷平方和		
	总数	变异百分比	累积百分比	总数	变异百分比	累积百分比	总数	变异百分比	累积百分比
1	5.764	52.403	52.403	5.764	52.403	52.403	4.201	38.191	38.191
2	1.680	15.275	67.678	1.680	15.275	67.678	3.243	29.486	67.678
3	0.813	7.394	75.072						
4	0.607	5.516	80.587						
5	0.493	4.479	85.067						
6	0.407	3.703	88.770						
7	0.363	3.297	92.066						
8	0.298	2.707	94.774						
9	0.233	2.122	96.896						
10	0.197	1.790	98.686						
11	0.145	1.314	100.000						

提取方法:主成分分析法

表 5-22 企业家管理实践类知识量表的探索性因素分析

因 子	测度变量（外显变量）	因子负荷 F1	因子负荷 F2
管理自我	我对自己的评价很高	0.811	0.203
	我对自己很满意	0.777	0.245
	我自己有很丰富的常识	0.816	0.207
	我自己的学习、研究能力很强	0.772	0.166
	我自己的创新能力很强	0.779	0.103
	我独立工作的能力很强	0.685	0.385
管理他人与任务	我和其他同事的关系很好	0.062	0.901
	我和其他人一起工作很愉快	0.276	0.828
	我和同事在工作上互相帮助	0.232	0.863
	我对工作很负责任	0.359	0.690
	我对我的工作很有兴趣	0.583	0.444

注：提取方法：主成分分析法；旋转方法：正交的方差极大法旋转；经过了三次迭代。

在删除具有交叉载荷测量题项"我对我的工作很有兴趣"之后，重新进行因子分析的结果是，企业家管理实践类知识量表的 Bartlett's 检验卡方值显著性概率为 0.000，KMO 值为 0.837，表明适合进行探索性因子分析（见表 5-23）。

在新的探索性因子分析结果中，可以从企业家管理实践类知识的 10 个题项中提取出 2 个因子，这 2 个因子累积解释总体变异的 69.563%（见表 5-24）。6 个题项在 F1 上载荷较大，4 个题项在 F2 上载荷较大，根据测量项目的内容，将 2 个因子命名为"管理自我"和"管理他人与任务"（见表 5-28）。通过计算 Cronbach 内部一致性系数，"管理自我"和"管理他人与任务"2个因子的一致性系数分别达到0.892和0.877，10个因素的整体Cronbach内部一致性系数为0.899。各个因素的α系数均大于0.70，表明同一个维度间测量项目的内部一致性程度较好，并且内部结构良好，问卷测量的信度是可以接受的。

表5-23 KMO值和巴特利球形检验

KMO样本测度		0.837
巴特利球形检验	Approx. Chi-Square	501.863
	自由度	45
	显著性	0.000

表5-24 解释的总体变异

单位:%

成分	初始特征根			提取载荷平方和			旋转载荷平方和		
	总数	变异百分比	累积百分比	总数	变异百分比	累积百分比	总数	变异百分比	累积百分比
1	5.276	52.761	52.761	5.276	52.761	52.761	3.877	38.774	38.774
2	1.680	16.801	69.563	1.680	16.801	69.563	3.079	30.789	69.563
3	0.696	6.959	76.522						
4	0.606	6.057	82.579						
5	0.460	4.595	87.174						
6	0.372	3.722	90.897						
7	0.320	3.201	94.097						
8	0.244	2.443	96.540						
9	0.201	2.010	98.550						
10	0.145	1.450	100.000						

提取方法：主成分分析法

表 5-25　企业家管理实践类知识量表的探索性因素分析

因子	测度变量（外显变量）	因子负荷 F1	F2
管理自我	我对自己的评价很高	0.820	0.213
	我对自己很满意	0.783	0.253
	我自己有很丰富的常识	0.824	0.216
	我自己的学习、研究能力很强	0.770	0.169
	我自己的创新能力很强	0.782	0.109
	我独立工作的能力很强	0.675	0.383
管理他人与任务	我和其他同事的关系很好	0.069	0.908
	我和其他人一起工作很愉快	0.282	0.836
	我和同事在工作上互相帮助	0.230	0.865
	我对工作很负责任	0.340	0.681

注：提取方法：主成分分析法；旋转方法：正交的方差极大法旋转；经过了三次迭代。

五　创业认知量表的探索性因子分析

探索性因子分析的结果表明，企业家创业认知量表的 Bartlett's 检验卡方值显著性概率为 0.000，KMO 值为 0.827，表明适合进行探索性因子分析（见表 5-26）。

根据探索性因子分析的结果，可以从企业家创业认知的 6 个题项中提取出 1 个因子，这 1 个因子累积解释总体变异的 59.285%（见表 5-27）。根据测量项目的内容，将此因子命名为"创业认知"（见表 5-28）。通过计算 Cronbach 内部一致性系数，此因子的一致性系数为 0.860。测量项目的内部一致性程度较好，并且内部结构良好，问卷测量的信度是可以接受的。

表5-26 KMO值和巴特利球形检验

KMO样本测度		0.827
巴特利球形检验	Approx. Chi-Square	226.167
	自由度	15
	显著性	0.000

表5-27 解释的总体变异

单位：%

成分	初始特征根			提取载荷平方和		
	总数	变异百分比	累积百分比	总数	变异百分比	累积百分比
1	3.557	59.285	59.285	3.557	59.285	59.285
2	0.808	13.463	72.749			
3	0.692	11.529	84.277			
4	0.420	7.007	91.284			
5	0.307	5.119	96.403			
6	0.216	3.597	100.000			

提取方法：主成分分析法

表5-28 企业家创业认知量表的探索性因素分析

因子	测度变量（外显变量）	因子负荷
创业认知	我对有利的机会一直有特别的警觉或者敏感	0.693
	我天生能感觉到潜在的机会	0.790
	我能够区分盈利机会和不怎么盈利的机会	0.583
	在日常工作进行中，我一直试图探索新的商业点子	0.853
	在对待一个信息的时候，我总是保持一种关注的眼神来侦测新业务的出现	0.820
	我对新业务设想总是有一种特殊的敏感	0.845

注：提取方法：主成分分析法；旋转方法：正交的方差极大法旋转。

六 风险倾向量表的探索性因子分析

探索性因子分析的结果表明,企业家风险倾向量表的 Bartlett's 检验卡方值显著性概率为 0.000, KMO 值为 0.837, 表明适合进行探索性因子分析(见表 5-29)。

根据探索性因子分析的结果,可以从企业家风险倾向的 5 个题项中提取出 1 个因子,这 1 个因子累积解释总体变异的 74.980%(见表 5-30)。根据测量项目的内容,将此因子命名为"企业家风险倾向"(见表 5-31)。通过计算 Cronbach 内部一致性系数,此因子的一致性系数为 0.912。测量项目的内部一致性程度较好,并且内部结构良好,问卷测量的信度是可以接受的。

表 5-29 KMO 值和巴特利球形检验

KMO 样本测度		0.837
巴特利球形检验	Approx. Chi-Square	326.255
	自由度	10
	显著性	0.000

表 5-30 解释的总体变异

单位:%

成分	初始特征根			提取载荷平方和		
	总数	变异百分比	累积百分比	总数	变异百分比	累积百分比
1	3.749	74.980	74.980	3.749	74.980	74.980
2	0.550	11.004	85.984			
3	0.390	7.793	93.777			
4	0.224	4.483	98.261			
5	0.087	1.739	100.000			
提取方法:主成分分析法						

表 5-31　企业家风险倾向量表的探索性因素分析

因子	测度变量（外显变量）	因子负荷
风险倾向	我有处理风险的能力	0.898
	我有能力评估风险	0.924
	我可以很好地应对不确定因素	0.902
	我喜欢承担风险	0.796
	我愿意去捕捉机会	0.802

注：提取方法：主成分分析法；旋转方法：正交的方差极大法旋转。

七　企业家异质性人力资本的探索性因子分析

探索性因子分析的结果表明，企业家异质性人力资本量表的 Bartlett's 检验卡方值显著性概率为 0.000，KMO 值为 0.745，表明适合进行探索性因子分析（见表 5-32）。

表 5-32　KMO 值和巴特利球形检验

KMO 样本测度		0.745
巴特利球形检验	Approx. Chi-Square	555.239
	自由度	91
	显著性	0.000

表 5-33　解释的总体变异

单位：%

成分	初始特征根			提取载荷平方和			旋转载荷平方和		
	总数	变异百分比	累积百分比	总数	变异百分比	累积百分比	总数	变异百分比	累积百分比
1	4.724	33.742	33.742	4.724	33.742	33.742	2.961	21.153	21.153
2	2.202	15.725	49.467	2.202	15.725	49.467	2.709	19.349	40.502
3	1.677	11.977	61.444	1.677	11.977	61.444	2.179	15.567	56.069

续表

成分	初始特征根			提取载荷平方和			旋转载荷平方和		
	总数	变异百分比	累积百分比	总数	变异百分比	累积百分比	总数	变异百分比	累积百分比
4	1.377	9.837	71.281	1.377	9.837	71.281	2.130	15.212	71.281
5	0.802	5.727	77.008						
6	0.678	4.842	81.850						
7	0.557	3.977	85.828						
8	0.465	3.321	89.148						
9	0.426	3.045	92.194						
10	0.295	2.110	94.304						
11	0.247	1.761	96.065						
12	0.208	1.486	97.552						
13	0.180	1.284	98.836						
14	0.163	1.164	100.000						
提取方法：主成分分析法									

根据探索性因子分析的结果，可以从企业家异质性人力资本的14个题项中提取出4个因子，这4个因子累积解释总体变异的71.281%（见表5-33）。有4个项目在F1上载荷较大，有4个项目在F2上载荷较大，有3个项目在F3上载荷较大，有3个项目在F4上载荷较大，完全符合原构思。根据测量项目的内容，将这4个因子命名为"风险承担""前瞻""自治"和"创新"（见表5-34）。通过计算Cronbach内部一致性系数，"风险承担""前瞻""自治"和"创新"4个因子的一致性系数分别达到0.881、0.818、0.770和0.765，14个因素的整体Cronbach内部一致性系数为0.650。各个因素的α系数均大于0.70，表明同一个维度间测量项目的内部一致性程度较好，并且内部结构良好，问卷测量的信度是可以接受的。

表5-34 企业家异质性人力资本探索性因子分析

因 子	测度变量	因子负荷 F1	F2	F3	F4
自治	我做任何事情倾向于依靠自己、自力更生	0.153	0.074	0.850	-0.010
	我是个非常独立的人	0.006	0.064	0.849	-0.095
	我做事情有高度的自控能力	0.017	0.282	0.693	-0.235
创新	一般而言,我是同行中最后一个采用创新的	-0.105	-0.219	0.038	0.732
	和同行相比,我拥有很少的创新	-0.124	0.051	-0.348	0.795
	一般而言,我是同行中最后一个知道最新创新内容的	-0.067	-0.321	-0.111	0.820
风险承担	我愿意经营那些有风险的业务	0.823	0.153	-0.017	-0.173
	在决策过程中,我总是倾向于高风险的项目,以期获得高回报	0.905	-0.008	0.044	-0.074
	我相信在公司发展过程中,为了完成公司目标,应当采取大胆的、冒险的行动	0.879	0.107	0.149	-0.119
	当决策制定中面对不确定情境时,我总是采取大胆与积极的姿态,从而为公司抓住带来巨大潜在收益的机会	0.748	0.322	0.054	0.033
前瞻	我总是在寻找改善生活的事物	0.175	0.747	0.172	-0.136
	无论在什么场合我都是建设性改变的重要因素	0.069	0.765	0.249	0.016
	我认为自己的想法得以实现是最令人兴奋的事情	0.124	0.719	0.045	-0.356
	我总是在寻找做事情更好的途径	0.160	0.817	-0.019	-0.173

注:提取方法:主成分分析法;旋转方法:正交的方差极大法旋转;经过了五次迭代。

第五节 企业家知识、企业家人力资本、创业认知、风险倾向的验证性因子分析

很多研究者指出验证性因子分析（Confirmation Factor Analysis，CFA）相对于探索性因子分析法（Explorative Factor Analysis，EFA）具有很多优势，因此，倾向于采用验证性因子分析来进行效度和信度评估（侯杰泰、温忠麟、成子娟，2004；黄芳铭，2005；谢荷锋，2007）。本书将利用验证性因子分析对样本数据的质量做进一步的评估。本研究根据模型适配度指标来评估各个变量的收敛效度和区别效度。

模型适配度指标很多，本书采用下列指标作为判断依据：卡方指数（χ^2），当显著性水平小于 0.05 时，可以认为假设模型与测量的数据集有较好的拟合优度。但是 χ^2 对样本量非常敏感，样本量越大，χ^2 越容易达到显著，因此，要结合其他指标综合判断；近似误差的均方根（RMSEA），RMSEA 值小于 0.05 表示理论模型可以接受，是"良好适配"，0.05~0.08 是"不错适配"，0.08~0.1 是"中度适配"，大于 0.1 是"不良适配"（黄芳铭，2005）；适配指数（GFI）可以理解为假设模型能够解释的方差和协方差的比例的一种测量，一般认为 GFI 值超过 0.9，以及调整的拟合优度指数（AGFI）和增量拟合指数（IFI）接近于 1，假设模型就可以接受；比较拟合指数（CFI）和规范拟合指数（NFI）均需大于 0.9，才能认为模型拟合良好。

不同类型变量之间，一般来说区分效度是非常高的，它们之间不存在进一步区分的必要。本书采用 AMOS18.0 数据统计软件包对相关模型进行验证性因子分析。

一 企业家学术知识量表的验证性因子分析

为了进一步确证探索性因素分析所得的学术知识量表的单因素结构模型,本书基于随机抽取的一半样本数据(编号为奇数的数据,共 83 份),采用验证性因子分析的方法进行分析。一般而言,利用结构方程模型来进行验证性因子分析时,我们需要考察各构面是否具有足够的收敛效度(Convergent Validity)和区别效度(Discriminant Validity),并可以依据检验结果对部分测量项目进行调整和修正,最终达到相对适合本书的研究结果。

接下来,我们根据上面描述的检验标准进行学术知识量表单因素结构模型的验证性因子分析。在进行验证性因子分析前,首先我们根据探索性因素分析结果和理论推导设定假设模型。探索性因素分析得到了一个单因素的学术知识模型,我们将其作为本研究验证性因子分析的基本模型。

采用 AMOS18.0 结构方程建模软件,对基本模型进行了构思验证。实证数据对基本模型的整体拟合情况,如表 5-35 所示。

表 5-35 多模型拟合情况汇总

测量模型	决定拟合指数				相对拟合指数		
	χ^2/df	RMSEA	GFI	AGFI	NFI	IFI	CFI
单因素基本模型	1.167	0.045	0.986	0.983	0.984	0.998	0.998

在单因素基本模型中,RMSEA 等拟合指数达到了检验的最低要求,这意味着单因素基本模型不需要进一步的修正。其中

$\chi^2 = 2.333$, $df = 2$。在绝对拟合指数方面,单因素基本模型的 χ^2/df 为 1.167,小于 Browne 和 Cudeck (1993) 设定的临界值 2,符合简约性要求;近似误差均方根 RMSEA 值为 0.045,处于 0.05 到 0.08 之间,表示拟合程度可以接受;良性拟合指标 GFI 和调整后的良性拟合指标 AGFI 分别为 0.986 和 0.983,表明拟合程度很好。在相对拟合指数方面,规范拟合指数 NFI、增值拟合指数 IFI 和比较拟合指数 CFI 分别为 0.984、0.998 和 0.998,均大于 0.900,这表明假设的理论模型与数据的拟合度非常好。综合来看,结合上文拟合指数的评价标准,单因素基本模型的各种绝对拟合指数和相对拟合指数均符合拟合要求,总体上看还是可以接受的。如果继续修正,模型的绝对拟合指数和相对拟合指数改进的幅度有限,并且会大大增加模型的复杂性。基于这样的考虑,本文采用此模型。验证性因子分析所得的修正后的单因素基本模型如图 5-3 所示。

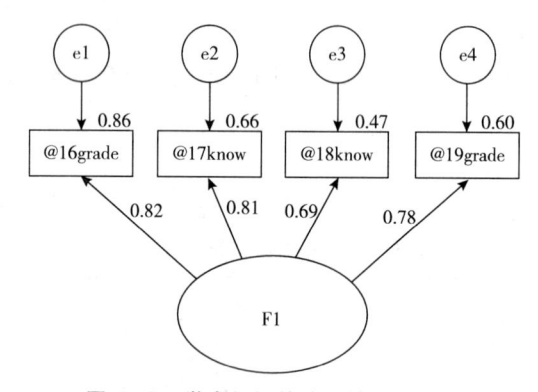

图 5-3 学术知识的验证性因子分析

二 企业家社会网络类知识量表的验证性因子分析

为了进一步确证探索性因素分析所得的企业家社会网络类

知识量表的双因素结构模型,本书基于随机抽取的一半样本数据(编号为奇数的数据,共83份),采用验证性因子分析的方法进行分析。

在进行验证性因子分析前,首先我们根据探索性因素分析结果和理论推导设定假设模型。探索性因素分析得到了一个单因素的企业家社会网络类知识模型,我们将其作为本研究验证性因子分析的基本模型。

采用AMOS18.0结构方程建模软件,对基本模型进行了构思验证。实证数据对基本模型的整体拟合情况,如表5-36所示。

表5-36 多模型拟合情况汇总

测量模型	χ^2/df	决定拟合指数			相对拟合指数		
		RMSEA	GFI	AGFI	NFI	IFI	CFI
双因素基本模型	2.265	0.124	0.906	0.797	0.903	0.943	0.942
双因素修正模型	1.489	0.077	0.956	0.886	0.950	0.983	0.983

在企业家社会网络类知识双因素基本模型中,RMSEA等拟合指数达不到最低要求,这意味着双因素模型需要进一步的修正。在理论模型与观察数据拟合不理想的时候,对理论模型进行的修正必须遵从理论方面的考虑。我们依据A-MOS18.0软件输出的修正指标(Modification Indices,MI)来寻找可以修正的部分,利用期望参数改变值(EPS)来判断拟合的改进程度。根据黄芳铭(2005)的建议,将修正指标与大的期望参数改变值结合起来进行修正。在使用修正指

数时，一次只修正一个参数，而且每次要修正参数时，先选择最大的且具有实质理论意义的修正指标来修正，如果最大的修正指标无法具有理论的意义，则选择次大的，直到有意义的指标才能进行估计。

因此，我们首先考察企业家社会网络类知识单因素基本模型（在观测变量间没有建立任何残差关联）的修正建议，删除测量条款"我从保险机构那里学习到很多知识"，得到企业家社会网络类知识双因素修正模型。

与其他模型相比，企业家社会网络类知识双因素修正模型的拟合度有比较明显的改进，其中 $\chi^2 = 11.913$，$df = 8$。在绝对拟合指数方面，企业家社会网络类知识双因素修正模型的 χ^2/df 为1.489，小于Browne和Cudeck（1993）设定的临界值2，符合简约性要求；近似误差均方根RMSEA值为0.077，处于0.05到0.08之间，表示拟合程度可以接受；良性拟合指标GFI和调整后的良性拟合指标AGFI分别为0.956和0.886，表明拟合程度很好。在相对拟合指数方面，规范拟合指数NFI、增值拟合指数IFI和比较拟合指数CFI分别为0.950、0.983和0.982，均大于0.900，这表明假设的理论模型与数据的拟合度非常好。综合来看，结合上文拟合指数的评价标准，企业家社会网络类知识双因素修正模型的各种绝对拟合指数和相对拟合指数均符合拟合要求，总体上看还是可以接受的。如果继续修正，模型的绝对拟合指数和相对拟合指数改进的幅度有限，并且会大大增加模型的复杂性。基于这样的考虑，本书采用M6模型。验证性因子分析所得的修正后的企业家社会网络类知识双因素修正模型，如图5-4所示。

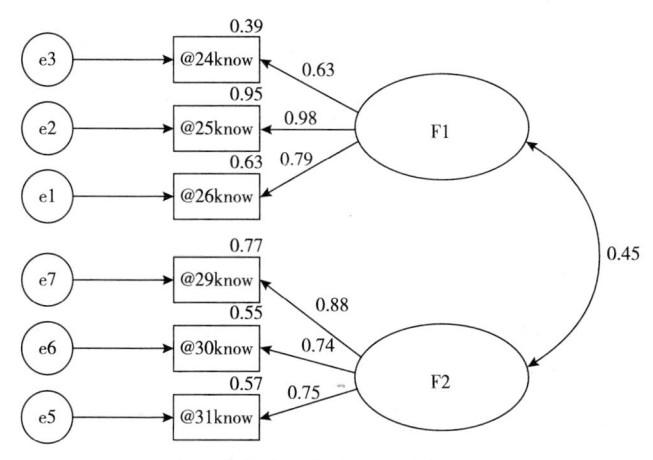

图 5-4　企业家社会网络类知识的验证性因子分析

三　企业家创业从业经验类知识量表的验证性因子分析

为了进一步确证探索性因素分析所得的企业家创业从业经验类知识量表的单因素结构模型，本研究基于随机抽取的一半样本数据（编号为奇数的数据，共 83 份），采用验证性因子分析的方法进行分析。

在进行验证性因子分析前，首先我们根据探索性因素分析结果和理论推导设定假设模型。探索性因素分析得到了一个单因素的企业家创业从业经验类知识模型，我们将其作为本书的研究验证性因子分析的基本模型。

采用 AMOS18.0 结构方程建模软件，对基本模型进行了构思验证。实证数据对基本模型的整体拟合情况，如表 5-37 所示。

表 5-37　多模型拟合情况汇总

测量模型	决定拟合指数					
	χ^2/df	RMSEA	GFI	AGFI	NFI	CFI
单因素基本模型	8.239	0.297	0.911	0.556	0.813	0.824
单因素修正模型	0.269	0.000	0.998	0.984	0.997	1.000

在单因素基本模型中，RMSEA 等拟合指数达不到最低要求，这意味着单因素模型需要进一步的修正。

因此，我们首先考察企业家创业从业经验类知识单因素基本模型（在观测变量间没有建立任何残差关联）的修正建议，发现测量条款"我担任高层管理者职位这样的经历让我获得很多知识"和测量条款"我的创业经历让我获得很多知识"二者之间的测量残差项为 14.390。同时，测量条款"我担任高层管理者职位这样的经历让我获得很多知识"和测量条款"我的创业经历让我获得很多知识"二者在含义上也有较大的关联。因此，我们尝试建立二者之间的残差关联，得到企业家创业从业经验类知识单因素基修正模型。

与基本模型相比，企业家创业从业经验类知识单因素基修正模型的拟合度有比较明显的改进，其中 $\chi^2 = 0.269$，$df = 1$。在绝对拟合指数方面，单因素基修正模型的 χ^2/df 为 0.269，小于 Browne 和 Cudeck（1993）设定的临界值 2，符合简约性要求；近似误差均方根 RMSEA 值、良性拟合指标 GFI、调整后的良性拟合指标 AGFI，以及规范拟合指数 NFI 也在可以接受的范围内，总体上看还是可以接受的。如果继续修正，模型的绝对拟合指数和相对拟合指数改进的幅度有限，并且会大大增加模型的复杂性。基于这样的考虑，本书采用单因素修正模型。验证性因子分析所得的企业家创业从业经验类知识单因素修正模型如图 5-5 所示。

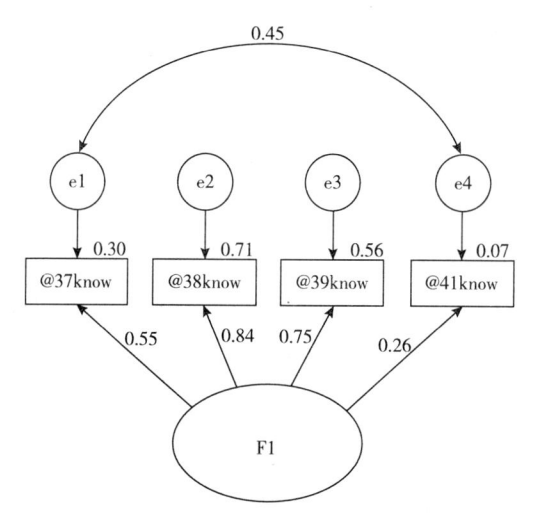

图 5-5　企业家创业从业经验知识的验证性因子分析

四　企业家管理实践类知识量表的验证性因子分析

为了进一步确证探索性因素分析所得的企业家管理实践类知识量表的双因素结构模型，本书基于随机抽取的一半样本数据（编号为奇数的数据，共83份），采用验证性因子分析的方法进行分析。

在进行验证性因子分析前，首先我们根据探索性因素分析结果和理论推导设定假设模型。探索性因素分析得到了一个双因素的企业家管理实践类知识模型，我们将其作为本研究验证性因子分析的基本模型。

采用 AMOS18.0 结构方程建模软件，对基本模型进行了构思验证。实证数据对基本模型的整体拟合情况，如表 5-38 所示。

表5-38 多模型拟合情况汇总

测量模型	χ^2/df	决定拟合指数			相对拟合指数		
		RMSEA	GFI	AGFI	NFI	IFI	CFI
双因素基本模型	2.629	0.141	0.823	0.714	0.784	0.854	0.810
双因素修正模型1	2.251	0.153	0.876	0.786	0.838	0.903	0.900
双因素修正模型2	1.400	0.070	0.932	0.872	0.911	0.973	0.972

在企业家管理实践类知识双因素基本模型中，RMSEA等拟合指数达不到最低要求，这意味着双因素模型需要进一步的修正。

因此，我们首先考察企业家管理实践类知识双因素基本模型（在观测变量间没有建立任何残差关联）的修正建议，删除测量条款"我对自己很满意"，得到企业家管理实践类知识双因素修正模型M1。根据拟合指标，整体模型的拟合度有了一定的改进，如表5-38所示，但是RMSEA的值仍然大于0.08。采用上述方法，我们删除观察变量"我独立工作的能力很强"，得到企业家社会网络类知识双因素修正模型M1。

与其他模型相比，企业家管理实践类知识双因素修正模型M2的拟合度有比较明显的改进，其中$\chi^2 = 26.597$，$df = 19$。在绝对拟合指数方面，企业家管理实践类知识双因素修正模型的χ^2/df为1.400，小于Browne和Cudeck（1993）设定的临界值2，符合简约性要求；近似误差均方根RMSEA值为0.070，处于0.05到0.08之间，表示拟合程度可以接受；良性拟合指标GFI和调整后的良性拟合指标AGFI分别为0.932和0.872，表明拟合程度很好。在相对拟合指数方面，规范拟合指数 NFI、增值拟合指数 IFI 和比较拟合指数 CFI 分别为 0.911、0.973 和 0.972，均大于 0.900，这表明假设的理论模型与数据的拟合度非常好。综合来看，结合上文拟合指数的评价标准，企业家管理实践类知识双因素修正模型 2 的各种绝对拟合指数和相对拟合指数均符合拟合要求，总体上看还是可以接受的。如果继续修正，模型的绝对拟合指数和相对拟合指数改进的幅度有限，并且会大大增加模型的复杂性。基于这样的考虑，本文采用企业家管理实践类知识双因素修正模型 M2。验证性因子分析所得的修正后的企业家管理实践类知识双因素修正模型 M2 如图 5-6 所示。

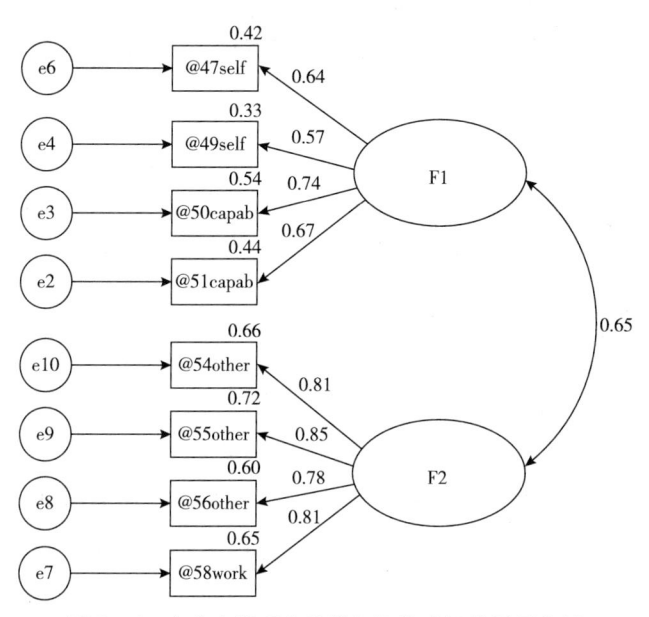

图 5-6 企业家管理实践类知识的验证性因子分析

五 创业认知量表的验证性因子分析

为了进一步确证探索性因素分析所得的创业认知量表的单因素结构模型，本研究基于随机抽取的一半样本数据（编号为奇数的数据，共83份），采用验证性因子分析的方法进行分析。

在进行验证性因子分析前，首先我们根据探索性因素分析结果和理论推导设定假设模型。探索性因素分析得到了一个单因素的创业认知模型，我们将其作为本研究验证性因子分析的基本模型。

采用AMOS18.0结构方程建模软件，对基本模型进行了构思验证。实证数据基本模型的整体拟合情况，如表5-39所示。

表5-39 多模型拟合情况汇总

测量模型	χ^2/df	决定拟合指数			相对拟合指数		
		RMSEA	GFI	AGFI	NFI	IFI	CFI
单因素基本模型	2.235	0.123	0.926	0.826	0.912	0.949	0.948
单因素修正模型	1.221	0.052	0.971	0.914	0.964	0.993	0.993

在创业认知量表单因素基本模型中，RMSEA等拟合指数达不到最低要求，这意味着单因素模型需要进一步的修正。

因此，我们首先考察创业认知量表单因素基本模型（在观测变量间没有建立任何残差关联）的修正建议，删除测量条款"我天生能感觉到潜在的机会"，得到创业认知量表单因素修正模型。根据拟合指标，整体模型的拟合度有了很大的改进，如表5-39所示。

与其他模型相比，创业认知量表单因素修正模型的拟合度有比较明显的改进，其中 $\chi^2 = 6.106$，$df = 5$。在绝对拟合指数方面，企业家管理实践类知识双因素修正模型的 χ^2/df 为 1.221，小于 Browne 和 Cudeck（1993）设定的临界值 2，符合简约性要求；近似误差均方根 RMSEA 值为 0.052，处于 0.05 到 0.08 之间，表示拟合程度可以接受；良性拟合指标 GFI 和调整后的良性拟合指标 AGFI 分别为 0.971 和 0.914，表明拟合程度很好。在相对拟合指数方面，规范拟合指数 NFI、增值拟合指数 IFI 和比较拟合指数 CFI 分别为 0.964、0.993 和 0.993，均大于 0.900，这表明假设的理论模型与数据的拟合度非常好。综合来看，结合上文拟合指数的评价标准，创业认知量表单因素修正模型的各种绝对拟合指数和相对拟合指数均符合拟合要求，总体上看还是可以接受的。如果继续修正，模型的绝对拟合指数和相对拟合指数改进的幅度有限，并且会大大增加模型的复杂性。基于这样的考虑，本书采用创业认知量表单因素修正模型。验证性因子分析所得的修正后的创业认知量表单因素修正模型如图 5-7 所示。

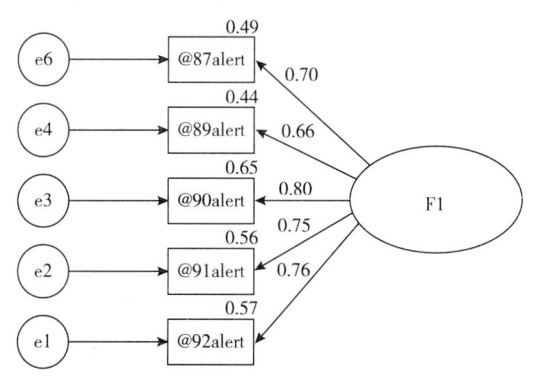

图 5-7 创业认知量表的验证性因子分析

六 风险倾向量表的验证性因子分析

为了进一步确证探索性因素分析所得的风险倾向量表的单因素结构模型，本研究基于随机抽取的一半样本数据（编号为奇数的数据，共 83 份），采用验证性因子分析的方法进行分析。

在进行验证性因子分析前，首先我们根据探索性因素分析结果和理论推导设定假设模型。探索性因素分析得到了一个单因素的风险倾向模型，我们将其作为本研究验证性因子分析的基本模型。

采用 AMOS18.0 结构方程建模软件，对基本模型进行了构思验证。实证数据对基本模型的整体拟合情况，如表 5-40 所示。

表 5-40 多模型拟合情况汇总

测量模型	χ^2/df	决定拟合指数			相对拟合指数		
		RMSEA	GFI	AGFI	NFI	IFI	CFI
单因素基本模型	3.256	0.166	0.932	0.796	0.921	0.944	0.943
单因素修正模型	1.025	0.017	0.988	0.938	0.982	1.000	1.000

在风险倾向量表单因素基本模型中，RMSEA 等拟合指数达不到最低要求，这意味着单因素模型需要进一步的修正。

因此，我们首先考察风险倾向量表单因素基本模型（在观测变量间没有建立任何残差关联）的修正建议，删除测量条款"我可以很好地应对不确定因素"，得到风险倾向量表单因素修正模型。根据拟合指标，整体模型的拟合度有了很大的改进，如表 5-40 所示。

与其他模型相比，风险倾向量表单因素修正模型的拟合度有比较明显的改进，其中 $\chi^2 = 2.050$，$df = 2$。在绝对拟合指数方面，风险倾向单因素修正模型的 χ^2/df 为 1.025，小于 Browne 和 Cudeck（1993）设定的临界值 2，符合简约性要求；近似误差均方根 RMSEA 值为 0.017，处于 0.05 到 0.08 之间，表示拟合程度可以接受；良性拟合指标 GFI 和调整后的良性拟合指标 AGFI 分别为 0.988 和 0.938，表明拟合程度很好。在相对拟合指数方面，规范拟合指数 NFI 为 0.982，增值拟合指数 IFI 和比较拟合指数 CFI 接近于 1.000，这表明假设的理论模型与数据的拟合度非常好。综合来看，结合上文拟合指数的评价标准，风险倾向量表单因素修正模型的各种绝对拟合指数和相对拟合指数均符合拟合要求，总体上看还是可以接受的。如果继续修正，模型的绝对拟合指数和相对拟合指数改进的幅度有限，并且会大大增加模型的复杂性。基于这样的考虑，本书采用风险倾向量表单因素修正模型。验证性因子分析所得的修正后的风险倾向量表单因素修正模型，如图 5-8 所示。

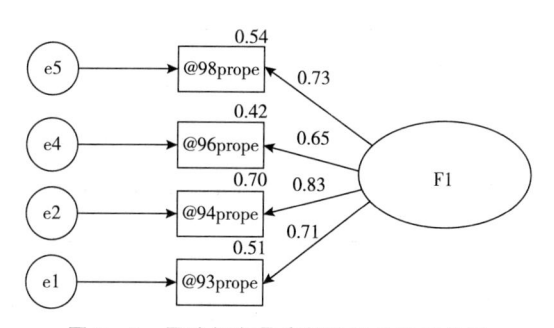

图 5-8 风险倾向量表的验证性因子分析

七 企业家异质性人力资本的验证性因子分析

为了进一步确证探索性因素分析所得的企业家异质性人力资本四因素结构模型,本研究基于随机抽取的一半样本数据(编号为奇数的数据,共83份),采用验证性因子分析的方法进行分析。

在进行验证性因子分析前,首先我们根据探索性因素分析结果和理论推导设定假设模型。探索性因素分析得到了一个四因素的企业家异质性人力资本结构模型,我们将其作为本研究验证性因子分析的基本模型。

采用AMOS18.0结构方程建模软件,对基本模型进行了构思验证。实证数据对基本模型的整体拟合情况,如表5-41所示。

表5-41 多模型拟合情况汇总

测量模型	χ^2/df	决定拟合指数			相对拟合指数		
		RMSEA	GFI	AGFI	NFI	IFI	CFI
四因素基本模型	1.440	0.073	0.867	0.803	0.833	0.942	0.940
四因素修正模型	1.300	0.060	0.890	0.830	0.862	0.964	0.963

在企业家异质性人力资本四因素基本模型中,RMSEA等拟合指数达不到最低要求,这意味着四因素基本模型需要进一步的修正。

因此，我们首先考察企业家异质性人力资本四因素基本模型（在观测变量间没有建立任何残差关联）的修正建议，删除测量条款"无论什么场合，我都是建设性改变的重要因素"，得到企业家异质性人力资本四修正模型。根据拟合指标，整体模型的拟合度有了一定的改进，如表5-41所示。

与基本模型相比，企业家异质性人力资本四因素修正模型的拟合度有比较明显的改进，其中$\chi^2=76.695$，$df=59$。在绝对拟合指数方面，企业家管理实践类知识双因素修正模型的χ^2/df为1.300，小于Browne和Cudeck（1993）设定的临界值2，符合简约性要求；近似误差均方根RMSEA值为0.060，处于0.05到0.08之间，表示拟合程度可以接受；良性拟合指标GFI和调整后的良性拟合指标AGFI分别为0.890和0.830，表明拟合程度很好。在相对拟合指数方面，规范拟合指数NFI、增值拟合指数IFI和比较拟合指数CFI分别为0.862、0.964和0.963。除了规范拟合指数NFI外，增值拟合指数IFI和比较拟合指数CFI均大于0.900，这表明假设的理论模型与数据的拟合度非常好。综合来看，结合上文拟合指数的评价标准，企业家异质性人力资本四因素修正模型的各种绝对拟合指数和相对拟合指数均符合拟合要求，总体上看还是可以接受的。如果继续修正，模型的绝对拟合指数和相对拟合指数改进的幅度有限，并且会大大增加模型的复杂性。基于这样的考虑，本书采用企业家异质性人力资本四因素修正模型。验证性因子分析所得的修正后的企业家异质性人力资本四因素修正模型如图5-9所示。

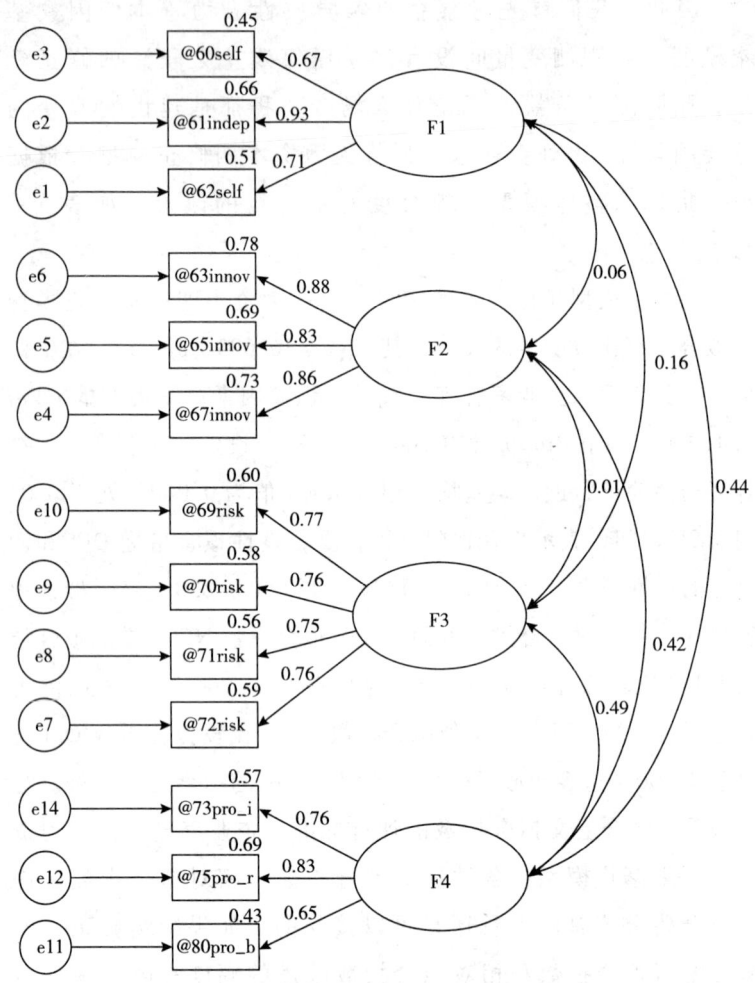

图 5-9 企业家异质性人力资本的验证性因子分析

第六节 小结

本章是对假设进行大样本检验的部分,其中包括了对数据的收集过程、数据清理过程和数据描述、问卷信度检验的过程，在这个部分，主要的目的是掌握基本的数据情况，将数据进行净化。

在数据收集的过程中，以民营企业的所有者为问卷调查对象，通过处理问卷的缺失项、异常值，检验问卷的填答者态度等对问卷的质量进行检验，总共回收有效问卷 165 份。在描述性统计部分，通过企业家人口统计特征和企业家所在企业的企业特征几个方面对问卷的情况进行描述。

为了保证问卷的信度效度，本研究对 165 份问卷中的偶数编号问卷和奇数编号问卷分为两组，分别进行探索性因子分析和验证性因子分析。在探索性因子分析部分，分别对知识部分和异质性人力资本部分进行 KMO 值和巴特利球形检验，结果表明问卷适合做因子分析。在验证性因子分析部分，运用 χ^2/df、近似误差均方根 RMSEA、良性拟合指标 GFI 和调整后的良性拟合指标 AGFI、规范拟合指数 NFI、增值拟合指数 IFI 和比较拟合指数 CFI 等指标判别变量的收敛效度（Convergent Validity）和区别效度（Discriminant Validity）。检验过程中剔除个别不符合要求的测项，以使得各个因子更加可信。

因子分析的结果是企业家社会网络知识可以分为核心社会网络类知识和辅助社会网络类知识两个因子；管理实践类知识可以区分为管理自我、管理他人和任务两个因子；企业家异质性人力资本可以区分为自治、创新、风险承担、前瞻四个维度。

第六章
企业家知识与企业家人力资本之间的关系检验

第一节 控制变量的方差分析

方差分析可以一次完成对多个总体的均值是否相同的检验。本章将对企业家异质性人力资本四个维度进行基于企业家个人特征和企业特征的方差分析。

一 基于性别的方差分析

基于性别的单因素方差分析结果见表6-1。虽然企业家异质性人力资本的自治、创新、风险承担和前瞻维度四个观察变量在各组的总体方差满足齐次性检验标准,具有方差齐性(方差齐性假设的显著性概率大于0.05),但单因素方差分析的结果表明它们在性别之间的总体方差并无显著性差异。

表6-1 基于性别的单因素方差分析结果

		单因素方差分析					方差齐次性检验	
		平方和	自由度	均 方	F 值	显著度	Levene检验	显著度
自治	组间	0.171	1	0.171	0.375	0.541	2.947	0.088
	组内	74.130	163	0.455				
	Total	74.300	164					

续表

		单因素方差分析					方差齐次性检验	
		平方和	自由度	均方	F 值	显著度	Levene 检验	显著度
创新	组间	0.378	1	0.378	0.691	0.407	1.864	0.174
	组内	89.101	163	0.547				
	Total	89.479	164					
风险承担	组间	1.857	1	1.857	2.877	0.092	0.950	0.331
	组内	105.194	163	0.645				
	Total	107.051	164					
前瞻	组间	0.496	1	0.496	1.285	0.259	0.574	0.450
	组内	62.974	163	0.386				
	Total	63.471	164					

二 基于年龄的方差分析

基于年龄的单因素方差分析结果见表6-2。企业家异质性人力资本的自治、创新和前瞻维度在各组的总体方差满足齐次性检验标准，具有方差齐性（方差齐性假设的显著性概率大于0.05）。从单因素方差分析的结果可以看出对于自治、风险承担和前瞻之间的总体方差存在显著性差异（显著性概率均小于0.05）。由于自治和前瞻在各组的总体方差满足齐次性检验标准，具有方差齐性，所以进行多重比较应采用 LSD（Least - Significant Difference）的 t 检验；风险承担不具有方差齐性，所以关注 Tamhane T2 结果（见表6-3）。

表6-2 基于年龄的单因素方差分析结果

		单因素方差分析					方差齐次性检验	
		平方和	自由度	均方	F值	显著度	Levene检验	显著度
自治	组间	5.664	4	1.416	3.301	0.012	1.361	0.250
	组内	68.637	160	0.429				
	Total	74.300	164					
创新	组间	1.347	4	0.337	0.611	0.655	0.766	0.549
	组内	88.132	160	0.551				
	Total	89.479	164					
风险承担	组间	8.602	4	2.151	3.495	0.009	2.264	0.065
	组内	98.449	160	0.615				
	Total	107.051	164					
前瞻	组间	4.080	4	1.020	2.748	0.030	1.000	0.409
	组内	59.391	160	0.371				
	Total	63.471	164					

表6-3 基于年龄的多重比较结果

因变量	(I)年龄	(J)年龄	均差(I-J)	标准误	Sig.
自治	25岁及以下	26~35岁	-0.57576(*)	0.27928	0.041
		36~45岁	-0.58854(*)	0.27964	0.037
		46~55岁	-0.96154(*)	0.29664	0.001
	26~35岁	46~55岁	-0.38578(*)	0.15165	0.012
	36~45岁	46~55岁	-0.37300(*)	0.15232	0.015
前瞻	25岁及以下	26~35岁	-0.62121(*)	0.25979	0.018
		36~45岁	-0.70313(*)	0.26013	0.008
		46~55岁	-0.85897(*)	0.27594	0.002
风险承担	46~55岁	56岁及以上	1.68269(*)	0.29793	0.048

三 基于学历的方差分析

基于学历的单因素方差分析结果见表 6-4。企业家异质性人力资本的创新和前瞻维度在各组的总体方差满足齐次性检验标准,具有方差齐性(方差齐性假设的显著性概率大于 0.05)。从单因素方差分析的结果可以看出前瞻的总体方差存在显著性差异(显著性概率均小于 0.05)。由于前瞻在各组的总体方差满足齐次性检验标准,具有方差齐性,所以进行多重比较应采用 LSD (Least-Significant Difference) 的 t 检验,但是由于学历中选择"小学"以及"小学以下"的样本数小于 2,因此无法做基于学历的多重比较。

表 6-4 基于学历的单因素方差分析结果

		单因素方差分析					方差齐次性检验	
		平方和	自由度	均方	F 值	显著度	Levene 检验	显著度
自治	组间	3.584	7	0.512	1.137	0.343	2.966	0.009
	组内	70.716	157	0.450				
	Total	74.300	164					
创新	组间	6.608	7	0.944	1.789	0.093	2.023	0.066
	组内	82.870	157	0.528				
	Total	89.479	164					
风险承担	组间	6.756	7	0.965	1.511	0.167	2.600	0.020
	组内	100.294	157	0.639				
	Total	107.051	164					
前瞻	组间	7.358	7	1.051	2.941	0.006	1.454	0.197
	组内	56.113	157	0.357				
	Total	63.471	164					

四 基于企业家政治身份的方差分析

基于企业家政治身份的单因素方差分析结果见表6-5。企业家异质性人力资本的四个维度在各组的总体方差满足齐次性检验标准,具有方差齐性(方差齐性假设的显著性概率大于0.05)。从单因素方差分析的结果可以看出自治的总体方差存在显著性差异(显著性概率均小于0.05)。由于自治在各组的总体方差满足齐次性检验标准,具有方差齐性,所以进行多重比较应采用LSD(Least - Significant Difference)的t检验,但是由于政治身份中选择"全国人大代表"的样本数小于2,因此无法做基于企业家政治身份的多重比较。

表6-5 基于企业家政治身份的单因素方差分析结果

		单因素方差分析					方差齐次性检验	
		平方和	自由度	均方	F值	显著度	Levene检验	显著度
自治	组间	5.271	5	1.054	2.428	0.037	1.488	0.220
	组内	69.029	159	0.434				
	Total	74.300	164					
创新	组间	4.645	5	0.929	1.741	0.128	2.024	0.113
	组内	84.834	159	0.534				
	Total	89.479	164					
风险承担	组间	2.371	5	0.474	0.720	0.609	1.576	0.197
	组内	104.680	159	0.658				
	Total	107.051	164					
前瞻	组间	2.339	5	0.468	1.217	0.304	1.405	0.243
	组内	61.131	159	0.384				
	Total	63.471	164					

五 基于家庭收入的方差分析

基于家庭收入的单因素方差分析结果见表 6-6。企业家异质性人力资本的自治、创新、风险承担和前瞻维度四个观察变量在各组的总体方差满足齐次性检验标准，具有方差齐性（方差齐性假设的显著性概率大于 0.05），但单因素方差分析的结果表明它们在家庭收入之间的总体方差并无显著性差异。

表 6-6 基于家庭收入的单因素方差分析结果

		单因素方差分析					方差齐次性检验	
		平方和	自由度	均方	F 值	显著度	Levene 检验	显著度
自治	组间	1.537	4	0.384	0.845	0.499	0.888	0.473
	组内	72.764	160	0.455				
	Total	74.300	164					
创新	组间	0.676	4	0.169	0.304	0.875	2.177	0.074
	组内	88.803	160	0.555				
	Total	89.479	164					
风险承担	组间	0.949	4	0.237	0.358	0.838	1.608	0.175
	组内	106.102	160	0.663				
	Total	107.051	164					
前瞻	组间	1.002	4	0.250	0.641	0.634	2.185	0.073
	组内	62.469	160	0.390				
	Total	63.471	164					

六 基于主营业务所在地的方差分析

基于主营业务所在地的单因素方差分析结果见表 6-7。企业家异质性人力资本的自治、创新、风险承担和前瞻维度四个观察变量在各组的总体方差满足齐次性检验标准，具有方差齐性（方差齐性假设的显著性概率大于 0.05），但单因素方差分析的结果表明它们在主营业务所在地之间的总体方差并无显著性差异。

表 6-7 基于主营业务所在地的单因素方差分析结果

		单因素方差分析					方差齐次性检验	
		平方和	自由度	均方	F 值	显著度	Levene 检验	显著度
自治	组间	1.198	4	0.299	0.655	0.624	0.706	0.550
	组内	73.102	160	0.457				
	Total	74.300	164					
创新	组间	3.224	4	0.806	1.495	0.206	2.087	0.104
	组内	86.254	160	0.539				
	Total	89.479	164					
风险承担	组间	0.752	4	0.188	0.283	0.889	1.070	0.363
	组内	106.298	160	0.664				
	Total	107.051	164					
前瞻	组间	1.278	4	0.319	0.822	0.513	0.298	0.827
	组内	62.193	160	0.389				
	Total	63.471	164					

七 基于公司年龄的方差分析

基于公司年龄的单因素方差分析结果见表 6-8。企业家异质性人力资本的自治、创新、风险承担和前瞻维度四个观察变量在各组的总体方差满足齐次性检验标准，具有方差齐性（方差齐性假设的显著性概率大于 0.05），但单因素方差分析的结果表明它们在公司年龄之间的总体方差并无显著性差异。

表 6-8 基于公司年龄的单因素方差分析结果

		单因素方差分析					方差齐次性检验	
		平方和	自由度	均方	F 值	显著度	Levene 检验	显著度
自治	组间	2.443	4	0.611	1.360	0.250	2.155	0.076
	组内	71.858	160	0.449				
	Total	74.300	164					
创新	组间	1.094	4	0.273	0.495	0.739	0.916	0.456
	组内	88.385	160	0.552				
	Total	89.479	164					
风险承担	组间	2.692	4	0.673	1.032	0.393	1.139	0.340
	组内	104.358	160	0.652				
	Total	107.051	164					
前瞻	组间	2.102	4	0.526	1.370	0.247	0.833	0.506
	组内	61.369	160	0.384				
	Total	63.471	164					

八 基于公司人数的方差分析

基于公司人数的单因素方差分析结果见表 6-9。企业家异质性人力资本的自治、创新和前瞻维度在各组的总体方差满足齐次性检验标准，具有方差齐性（方差齐性假设的显著性概率大于 0.05）。从单因素方差分析的结果可以看出自治的总体方差存在显著性差异（显著性概率均小于 0.05）。由于自治在各组的总体方差满足齐次性检验标准，具有方差齐性，所以进行多重比较应采用 LSD（Least-Significant Difference）的 t 检验（见表 6-10）。

表 6-9　基于公司人数的单因素方差分析结果

		单因素方差分析					方差齐次性检验	
		平方和	自由度	均方	F值	显著度	Levene 检验	显著度
自治	组间	6.368	4	1.592	3.750	0.006	1.307	0.270
	组内	67.932	160	0.425				
	Total	74.300	164					
创新	组间	2.125	4	0.531	0.973	0.424	2.343	0.057
	组内	87.354	160	0.546				
	Total	89.479	164					
风险承担	组间	4.599	4	1.150	1.796	0.132	1.263	0.287
	组内	102.451	160	0.640				
	Total	107.051	164					
前瞻	组间	2.818	4	0.705	1.859	0.120	0.507	0.731
	组内	60.652	160	0.379				
	Total	63.471	164					

表 6-10　基于公司人数的多重比较结果

因变量	(I) 公司人数	(J) 公司人数	均差 (I-J)	标准误	Sig.
自治	50人以下	51~100人	-0.59030 (*)	0.15679	0.000
		501~1000人	-0.41168 (*)	0.18567	0.028
		1000人以上	-0.31728 (*)	0.14575	0.031

九　基于公司生命周期的方差分析

基于公司所处生命周期阶段的单因素方差分析结果见表 6-11。企业家异质性人力资本的自治、创新、风险承担和前瞻维度在各组的总体方差满足齐次性检验标准，具有方差齐性（方差齐性假设的显著性概率大于 0.05）。

从单因素方差分析的结果可以看出创新的总体方差存在显著性差异（显著性概率均小于 0.05）。由于创新在各组的总体方差满足齐次性检验标准，具有方差齐性，所以进行多重比较应采用 LSD（Least - Significant Difference）的 t 检验，但是由于选择"再生期"的样本数小于 2，因此无法做基于公司生命周期的多重比较。

表 6-11 基于公司生命周期的单因素方差分析结果

		单因素方差分析					方差齐次性检验	
		平方和	自由度	均 方	F 值	显著度	Levene 检验	显著度
自治	组间	2.249	4	0.562	1.249	0.293	1.514	0.213
	组内	72.051	160	0.450				
	Total	74.300	164					
创新	组间	5.744	4	1.436	2.744	0.030	0.627	0.599
	组内	83.735	160	0.523				
	Total	89.479	164					
风险承担	组间	1.584	4	0.396	0.601	0.663	0.804	0.493
	组内	105.467	160	0.659				
	Total	107.051	164					
前瞻	组间	1.095	4	0.274	0.702	0.591	0.178	0.911
	组内	62.375	160	0.390				
	Total	63.471	164					

十 基于公司产业类型的方差分析

基于公司产业类型的单因素方差分析结果见表 6-12。企业家异质性人力资本的自治、创新、风险承担和前瞻维度在各组的总体方差满足齐次性检验标准，具有方差齐性（方差齐性假设的显著性概率大于 0.05)。从单因素方差分析的结果可以看出前瞻的总体方差存在显著性差异(显著性概率均小于 0.05)。由于前瞻在各组的总体方差满足齐次性检验标准,具有方差齐性,所以进行多重比较应采用 LSD(Least - Significant Difference)的 t 检验(见表 6 - 13)。

表 6 - 12 基于公司产业类型的单因素方差分析结果

		单因素方差分析					方差齐次性检验	
		平方和	自由度	均方	F 值	显著度	Levene 检验	显著度
自治	组间	3.895	4	0.974	2.213	0.070	1.225	0.302
	组内	70.406	160	0.440				
	Total	74.300	164					
创新	组间	2.461	4	0.615	1.131	0.344	0.328	0.859
	组内	87.018	160	0.544				
	Total	89.479	164					
风险承担	组间	1.433	4	0.358	0.543	0.705	1.401	0.236
	组内	105.618	160	0.660				
	Total	107.051	164					
前瞻	组间	4.541	4	1.135	3.082	0.018	0.702	0.591
	组内	58.930	160	0.368				
	Total	63.471	164					

表 6 - 13 基于公司产业类型的多重比较结果

因变量	(I)产业类型	(J)产业类型	均差(I - J)	标准误	Sig.
前瞻	高科技	商贸/服务	0.28571(*)	0.12564	0.024
		其他	0.37381(*)	0.17011	0.029
	传统制造	商贸/服务	0.34426(*)	0.12686	0.007
		其他	0.43235(*)	0.17102	0.012

十一 方差分析的总结

在本部分中，我们对企业家异质性人力资本进行了性别、年龄、学历、家庭收入、主营业务所在地、公司年龄、公司人数、公司所处生命周期阶段、公司所处产业类型的方差分析。方差分析表明一些控制变量确实对自治、创新、风险承担、前瞻等四个变量有显著的影响，具体情况归纳在表6-14中。从表6-14可以看出：在检验对企业家异质性人力资本的自治维度的影响时，需要考虑的控制变量包括年龄、企业家政治身份、公司人数；在检验对企业家异质性人力资本的创新维度的影响时，需要考虑的控制变量是公司所处生命周期阶段；在检验对企业家异质性人力资本的风险承担维度的影响时，需要考虑的控制变量是企业家年龄；在检验对企业家异质性人力资本的前瞻维度的影响时，需要考虑的控制变量是企业家年龄、学历、公司所处产业类型。

表6-14 基于控制变量的方差分析的总结

变量	性别	年龄	学历	企业家政治身份	家庭收入	主营业务所在地	公司年龄	公司人数	公司所处生命周期	公司产业类型
自治	无	有	无	有	无	无	无	有	无	无
创新	无	无	无	无	无	无	无	无	有	无
风险承担	无	有	无	无	无	无	无	无	无	无
前瞻	无	有	有	无	无	无	无	无	无	有

接下来我们构建知识、创业认知、企业家异质性人力资本这几个变量中各因素之间的整体关系模型，综合分析

考虑整体变量之间的相互作用关系。在构建结构方程模型时，尽管基于偏最小二乘法的方差分析方法（PLS）不如基于最大似然估计的协方差结构分析方法那么普遍，但前者却可以避免不正确解、因子不确定和违背分布假设等一系列问题。因此，本研究采用基于偏最小二乘法（Partial Least Square，PLS）的结构方程模型方法对整体模型关系进行实证分析。

第二节　整体测量模型的信度效度分析

首先，我们利用收集到的 165 份企业家个人水平的调查数据对测量模型进行信度和效度的分析。

一　信度分析

信度是指测量工具对于测量结果具有稳定性和可靠性。如果一个量表的信度越高，代表量表越稳定。信度有外部信度（External Reliability）与内部信度（Internal Reliability）两大类。外部信度通常指不同时间测量时，量表一致性的程度。内部信度指的是每一个量表是否测量单一概念，以及组成量表个项目的一致性程度如何。采用李克特态度量表法中，最常用的是利用 Cronbach Alpha 以及 Composite Reliability 来测量同一结构（Construction）下各项目间的一致性。从下表可以看出，变量中最低的 Cronbach Alpha = 0.731，最低的 Composite Reliability 为 0.832，超过证实性因素分析（Confirmatory Factor Analysis，CFA）所要求的 0.7 的下限，且普遍较高。因此，本测量采用的量表具有较高的信度。

第六章 企业家知识与企业家人力资本之间的关系检验

表6-15 信度分析

变量名称	组合信度	Cronbachs Alpha
自治	0.873003	0.783953
创业认知	0.887289	0.840065
创业从业经验类知识	0.831585	0.731427
创新	0.898394	0.832627
管理自我类知识	0.869869	0.803608
管理他人和任务类知识	0.919213	0.883355
前瞻	0.879346	0.793984
风险承担	0.907845	0.865261
产业链上下游（核心类社会网络）类知识	0.892511	0.818211
咨询类（辅助类社会网络）知识	0.913625	0.861974
学术类知识	0.891279	0.841437

二 效度分析

效度指测量工具能够测出其所要测量的特质或功能的程度。本研究从内容效度（Content Validity）、效标效度（Criteria-related Validity）以及建构效度（Construct Validity）三个方面检验整体测量模型的效度。

内容效度指给定测量工具能足够地涵盖研究主题的程度。如果测量工具的内容能够代表研究主题，那么就具有足够的内容效度。由于衡量工具是否具有足够的内容效度，涉及研究者的主观判断，因此，内容效度的关键因素在于开发测量工具所遵循的程序。为了开发具有内容效度的测量工具，最重要的工作是首先在概念上界定所有要研究变量的范围，然后要收集大量的题项，并能概括地代表所界定的变量，所收集的项目必须足够多,且应包含该变量的所有相关结构的项目,最后再就项目的内容修改,以获得最后的测量工具。本调查研究经过了广泛的文献综述,且在最终量表中引用已有学者曾经使用的量表,因此本研究所开发的测量工具应该具有较高的内容效度。

建构效度是指题项能测量理论的概念或特质之程度,也是评估测量工具效度的非常重要的指标。建构效度有两个次类型:聚合效度(Convergent Validity)和区别效度(Discriminant Validity)。聚合效度的测量可以用两个指标来进行衡量,首先是标准化的因素载荷应该显著,其次是 AVE 应该高于 0.5(Fornell and Larcker 1981)。下表报告了分析结果,结果显示所有的标准化的因素载荷都显著,AVE 最小值为 0.554,也高于 0.5。与此同时,所有的因素载荷都在 0.01 水平下显著($p<0.01$),因此聚合效度得到了验证。

表 6–16 聚合效度分析

变量名称	AVE
自治	0.696232
创业认知	0.613121
创业从业经验类知识	0.553681
创新	0.747117
管理自我类知识	0.625923
管理他人和任务类知识	0.740002
前瞻	0.708510
风险承担	0.711249
产业链上下游(核心类社会网络)类知识	0.735106
咨询类(辅助类社会网络)知识	0.779570
学术类知识	0.672468

对于区别效度（Discriminant Validity），我们使用 Fornell 和 Larcker 在 1981 年提出的判别方法来进行验证。这种方式使用 AVE（Average Variance Extracted）来进行判定。对于每一个概念，如果 AVE 的平方根是大于其与其他建构之间的相关系数，判别有效性就得以成立。结果如表 6-17 所示，对于每一个建构，AVE 的平方根大于其与其他建构之间的相关系数，所以区别效度也同样得到了验证。

表 6-17 建构之间的相关系数和 AVE 平方根的比较

	自治	创业认知	创业从业经验类知识	创新	管理自我类知识	管理他人和任务类知识	前瞻	风险承担	产业链上下游（核心类社会网络）知识	咨询类（辅助类社会网络）知识	学术类知识
自治	0.834										
创业认知	0.276	0.783									
创业从业经验类知识	0.225	0.466	0.744								
创新	0.184	0.344	0.267	0.864							
管理自我类知识	0.327	0.516	0.440	0.302	0.791						
管理他人和任务类知识	0.376	0.313	0.302	0.321	0.482	0.860					

续表

	自治	创业认知	创业从业经验类知识	创新	管理自我类知识	管理他人和任务类知识	前瞻	风险承担	产业链上下游（核心类社会网络）知识	咨询类（辅助类社会网络）知识	学术类知识
前瞻	0.345	0.593	0.400	0.390	0.492	0.461	0.842				
风险承担	0.171	0.461	0.288	0.129	0.521	0.055	0.387	0.843			
产业链上下游（核心类社会网络）类知识	0.139	0.384	0.397	0.076	0.260	0.155	0.186	0.200	0.857		
咨询类（辅助类社会网络）知识	0.106	0.320	0.409	-0.040	0.264	0.148	0.210	0.301	0.361	0.883	
学术类知识	0.207	0.243	0.346	0.083	0.528	0.335	0.328	0.283	0.118	0.291	0.820

注：对角线上的数据为 AVE 的平方根。

与此同时，我们通过因子间载荷量分析（Cross Factor Loading）的方法来进一步分析本研究中的区别效度。表 6-18 显示了因子载荷量分析的结果。搜索每一列，我们可以看到每一个题项在对应列上的载荷要比用该题项去测量其他的建构要高。搜索每一行，我们同样可以发现题项在对应建构的载荷要比其他建构高。因此，我们的测量也满足了区别效度。

第六章 企业家知识与企业家人力资本之间的关系检验 | 169

表6-18 建构之间的载荷

	创业从业经验类知识	创业认知	创新	前瞻	学术知识	核心网络类知识	管理他人和任务知识	管理自我类知识	自治	辅助网络类知识	风险承担
EK1	0.136390	0.141979	-0.032516	0.132603	0.770766	-0.057770	0.230947	0.278412	0.134211	0.213941	0.073984
EK2	0.278051	0.167532	0.051666	0.190981	0.817365	0.070553	0.244345	0.498567	0.227668	0.275751	0.259319
EK3	0.385209	0.260204	0.124207	0.333147	0.868876	0.196967	0.264136	0.469321	0.122831	0.267909	0.283227
EK4	0.268463	0.194389	0.083339	0.359983	0.820219	0.100206	0.355579	0.456142	0.214676	0.193603	0.261980
TKN11	0.338297	0.337713	0.103748	0.079364	0.046636	0.796215	0.023868	0.098070	0.129389	0.253123	0.103715
TKN12	0.404644	0.304712	0.049061	0.184753	0.143838	0.900811	0.181635	0.298393	0.066756	0.370364	0.228093
TKN13	0.281503	0.339201	0.040732	0.216319	0.115406	0.871722	0.195386	0.277543	0.154964	0.307931	0.185361
TKN21	0.423863	0.317943	-0.073966	0.192914	0.346179	0.325043	0.147837	0.320774	0.057203	0.920801	0.333370
TKN22	0.319992	0.313336	-0.003085	0.215109	0.215726	0.299597	0.089602	0.173549	0.075201	0.911092	0.226220
TKN23	0.341494	0.184708	-0.026088	0.132611	0.185921	0.355293	0.178486	0.194986	0.190124	0.812864	0.230053
TKE1	0.825650	0.393426	0.210186	0.307096	0.270149	0.334814	0.150769	0.312577	0.149692	0.363023	0.192679
TKE2	0.737781	0.323773	0.262753	0.298541	0.249797	0.236042	0.312837	0.347869	0.201155	0.281739	0.300277
TKE3	0.723303	0.283962	0.278272	0.405461	0.365175	0.267732	0.386526	0.396293	0.218392	0.201453	0.258121

续表

	因子								
	创业从业经验类知识	创业认知	创新	前瞻	学术知识	核心网络类知识	管理他人和任务知识	管理自我类知识	自洽	辅助网络类知识	风险承担
TKE4	0.682304	0.367770	0.068777	0.205871	0.167598	0.328148	0.103536	0.273943	0.119193	0.343206	0.129779
TKM11	0.412701	0.469580	0.240847	0.406911	0.459333	0.175646	0.361482	0.824990	0.291239	0.203849	0.419328
TKM13	0.351550	0.274794	0.204788	0.304304	0.439794	0.195595	0.374595	0.747189	0.343380	0.138511	0.365312
TKM14	0.269414	0.397099	0.203972	0.384442	0.402443	0.195084	0.432841	0.799638	0.218252	0.183867	0.426671
TKM15	0.355229	0.442794	0.293508	0.436282	0.382911	0.257582	0.369340	0.790805	0.211976	0.284800	0.429350
TKM21	0.163665	0.230021	0.235106	0.336526	0.207725	0.078045	0.860101	0.332703	0.245746	0.132549	-0.027235
TKM22	0.281254	0.308055	0.296130	0.361665	0.276026	0.124122	0.889209	0.465422	0.381054	0.118851	0.007081
TKM23	0.314226	0.234658	0.190028	0.369824	0.288657	0.168885	0.859254	0.414136	0.265484	0.121298	0.071940
TKM31	0.270838	0.288212	0.358745	0.503815	0.364851	0.157150	0.831397	0.428191	0.371509	0.138337	0.128825
HC11	0.196017	0.250912	0.110463	0.242883	0.152088	0.108362	0.230983	0.285835	0.840300	0.066904	0.189586
HC12	0.120969	0.181431	0.143760	0.251009	0.136817	0.040133	0.274195	0.206358	0.846848	0.101984	0.107893
HC13	0.229030	0.243602	0.204045	0.360105	0.220345	0.179781	0.427149	0.306978	0.815745	0.099121	0.120210
HC21	0.187867	0.264868	0.843577	0.337185	0.002969	0.109502	0.225870	0.188811	0.082641	-0.041761	0.090836

续表

因 子

	创业从业经验类知识	创业认知	创 新	前 瞻	学术知识	核心网络类知识	管理他人和任务知识	管理自我类知识	自 治	辅助网络类知识	风险承担
HC22	0.188572	0.235011	0.824216	0.215792	0.125512	0.012156	0.253345	0.290511	0.206985	-0.123710	0.138983
HC23	0.292872	0.366529	0.922170	0.421046	0.088742	0.069736	0.336153	0.298966	0.186195	0.026617	0.110491
HC31	0.196485	0.401823	0.136837	0.383441	0.239212	0.123543	0.081128	0.427300	0.132673	0.252901	0.834045
HC32	0.152392	0.336678	0.034161	0.214386	0.211473	0.146161	-0.042408	0.422984	0.082677	0.232333	0.846323
HC33	0.250135	0.361860	0.114692	0.291662	0.201557	0.139226	0.047913	0.421033	0.220749	0.192529	0.858487
HC34	0.348877	0.438695	0.134401	0.387154	0.287673	0.249564	0.080355	0.477105	0.139031	0.321478	0.834325
HC41	0.337716	0.499186	0.311706	0.816295	0.235411	0.233056	0.312706	0.423709	0.327877	0.188033	0.388033
HC42	0.263611	0.485143	0.411058	0.862733	0.321106	0.070571	0.434449	0.414272	0.307064	0.166172	0.289862
HC43	0.405368	0.511155	0.264938	0.845509	0.273587	0.164459	0.416788	0.404903	0.237151	0.176488	0.298165
HC44	0.418018	0.745362	0.319228	0.494029	0.249926	0.268339	0.236924	0.450026	0.233141	0.316695	0.399857
EC1	0.186371	0.674688	0.215344	0.338789	0.139819	0.124324	0.200804	0.422668	0.310774	0.226184	0.347964
EC3	0.386486	0.848209	0.291136	0.491623	0.185493	0.321604	0.276640	0.394649	0.174537	0.246124	0.314036
EC4	0.422237	0.804562	0.270168	0.493147	0.207894	0.414491	0.290999	0.350765	0.156065	0.211568	0.328201
EC5	0.380966	0.829491	0.239849	0.482156	0.158025	0.349466	0.216761	0.399457	0.216995	0.244732	0.409114

三 数据同源偏差检验

由于在问卷调查时，所有问项在均由同一填写者填写的情况下，就会容易出现同源偏差（Common Method Variance，CMV）的问题。消除的一类方法是在研究前尽可能使用提高事前预防的措施，本部分研究使用了答卷者信息隐匿法和选项重测法，这在一定程度上起到了预防作用。

检测同源偏差的常见方法是潘德斯科夫和奥甘（Podsakoff和Organ，1986）建议的哈曼（Harman）单因子检测方法：问卷所有条目一起做因子分析，在未旋转时得到的第一个主成分，反映了CMV的量。在本书中，问卷所有条目一起做因子分析，在未旋转时得到的第一个主成分，占到的载荷量是28.272%，并没有占到多数，所以同源偏差并不严重。

第三节 企业家知识、创业认知与企业家人力资本整体结构模型的检验

本部分运用基于偏最小二乘法（Partial Least Square，PLS）的结构方程模型（Structural Equation Model，SEM），构造出企业家知识、创业认知和企业家异质性人力资本之间的整合分析框架，系统而详细地剖析各个变量之间的相互影响关系。根据之前部分方差分析的结果，在全模型中加入影响企业家异质性人力资本自治、创新、风险承担和前瞻四个维度的控制变量（年龄、学历、政治身份和公司的规模、公司所处的生命周期阶段、公司所处产业类型）。其中，企业

家年龄作为自治、风险承担和前瞻的控制变量;学历作为前瞻的控制变量;公司规模作为自治的控制变量;公司所处生命周期阶段作为创新的控制变量;公司所处产业类型作为前瞻的控制变量。

通过整体结构方程模型的验证结果,我们可以发现潜在内生变量(Latent Endogenous Variables)——创业认知、企业家异质性人力资本的自治、创新、风险承担、前瞻维度的 R^2 分别为 0.382、0.118、0.137、0.220、0.403。这表明模型的解释力度比较高,所建研究模型具有较强的解释和预测能力。

图 6-1 结构方程模型的验证结果表明,在社会网络类知识的两个维度中,学术知识对于创业认知没有显著影响。核心网络类知识对于创业认知有显著的正相关关系($\beta = 0.171$, $p \leq 0.05$),假设 H1.2 部分得到验证;辅助类社会网络知识对于创业认知没有显著影响。创业从业经验类知识对于创业认知有显著的正相关关系($\beta = 0.210$, $p \leq 0.1$),假设 H1.3 得到验证。在管理实践类知识两个维度中,管理自我对于创业认知有显著的正相关关系($\beta = 0.375$, $p \leq 0.001$),假设 H1.4 部分得以验证;而管理他人和任务对于创业认知没有显著影响。

对于企业家异质性人力资本的自治维度而言,创业认知对其有显著的正向影响($\beta = 0.236$, $p \leq 0.05$),假设 H2.1 得到验证;对于企业家异质性人力资本的创新维度,创业认知对其有显著的正向影响($\beta = 0.348$, $p \leq 0.001$),假设 H2.2 得到验证;对于企业家异质性人力资本的风险承担维度,创业认知对其有显著的正向影响($\beta = 0.477$, $p \leq$

0.001），假设 H2.3 得到验证；最后，创业认知对于企业家异质性人力资本的前瞻维度也有显著的正向影响（β = 0.531，$p \leq 0.001$），假设 H2.4 得到验证。

根据方差分析的结果，我们把一些控制变量加入全模型检验，包括年龄、学历、政治身份和公司的规模、公司所处的生命周期阶段、公司所处产业类型等。结果表明，企业家的学历对于企业家异质性人力资本的前瞻维度有显著的正向影响，路径系数为 0.143，t 值为 1.816。企业的产业类型对于企业家异质性人力资本的前瞻维度有显著的负向影响，路径系数 -0.155，t 值为 1.805。企业家年龄、企业家政治身份、公司人数、生命周期对于企业家异质性人力资本没有显著影响（见表 6-19）。

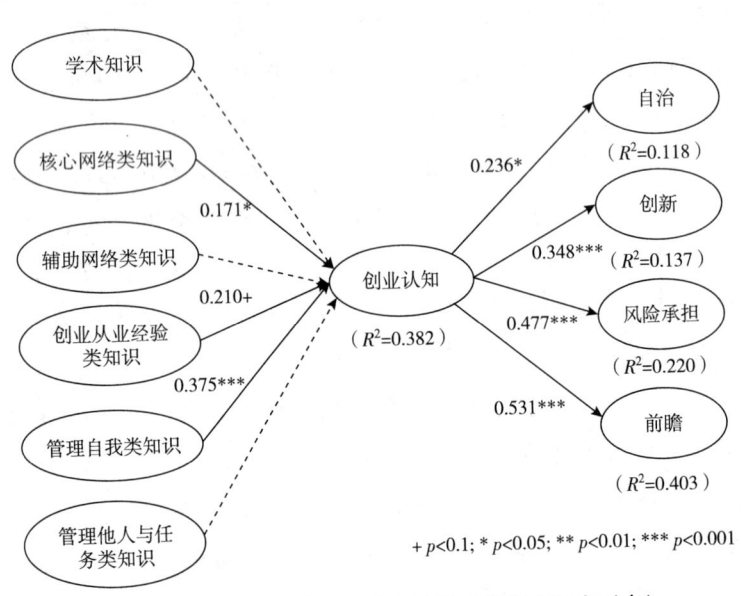

图 6-1 整体结构模型的检验结果（控制变量未列出）

第六章 企业家知识与企业家人力资本之间的关系检验 | 175

表 6-19 整体模型的 t 值表

	创业从业经验知识	创业认知	创新	前瞻	学历	年龄	政治身份	核心网络类知识	生命周期类知识	管理他人和任务知识	管理自我类知识	自治	辅助网络类知识	风险承担
产业类型				-0.156										
公司人数												0.108		
创业从业经验知识		0.200	0.069	0.099										0.086
创业认知			0.344	0.496								0.041		
创新												0.207		0.431
前瞻														
学历				0.112								0.151		
年龄				0.063								0.012		-0.123
政治身份														
学术知识		0.019		0.181								0.134		0.214

续表

	产业类型	公司人数	创业从业经验类知识	创业认知	创新	前瞻	学历	年龄	政治身份	学术知识	核心网络类知识	生命周期	管理他人和任务类知识	管理自我类知识	自治	辅助网络类知识	风险承担
核心网络类知识				0.182	0.063	0.090									0.038		0.078
生命周期					-0.141												
管理他人和任务类知识				0.051	0.018	0.026									0.011		0.022
管理自我类知识				0.335	0.115	0.166									0.070		0.144
自治																	
辅助网络类知识				0.077	0.026	0.038									0.016		0.033
风险承担																	

第四节 创业认知中介效应的检验

在前面的分析中,我们对知识与创业认知之间的关系,也分析了创业认知对企业家异质性人力资本的影响。接下来,需要进一步检验创业认知可能在知识与企业家异质性人力资本之间存在的中介效应,即可能存在整个因果模型之间存在企业家知识→创业认知→企业家异质性人力资本的逻辑关系。

在创业认知中介效应的检验部分,我们根据巴隆和肯尼(Baron and Kenny, 1986)所推荐的中介变量测量步骤进行创业认知可能在知识与企业家异质性人力资本之间存在中介效应的检验,中介变量的回归步骤有三个:步骤一为预测变量与因变量的关系测量,其 β 值应显著;步骤二为自变量与中介变量关系的测量,其 β 值也应显著;步骤三则是自变量与中介变量同时列入考虑,测量两者与因变量的关系。此时,自变量与因变量之间的 β 值较步骤一的 β 值为低,且不显著者为完全成立,显著者则为部分成立,但中介变量与因变量之间的关系仍显著。接下来,我们实证统计分析创业认知在知识与企业家异质性人力资本之间的中介效应。

接下来,本节详细地进一步检验创业认知可能在知识与企业家异质性人力资本之间存在的中介效应。

一 创业认知在核心网络类知识与自治维度间中介效应检验

由整体结构模型检验可知:核心网络类知识和创业认知之间存在显著的正向影响关系,对于企业家异质性人力资本自治维度而言，创业认知对其有显著的正向影响关系。这些给我们接下来的研究提供了启示：创业认知可能在核心网络类知识和企业家异质性人力资本自治维度之间起中介作用。也就是说，核心网络类知识可能通过创业认知对企业家异质性人力资本自治维度产生显著的正向影响。

在全模型的基础上，我们接着建立核心网络类知识和企业家异质性人力资本自治维度的直接联系，然后运行 PLS 结构方程模型进行检验。结构方程模型验证结果显示：核心网络类知识对创业认知有显著的正向影响关系（$\beta=0.173$，$p\leqslant 0.05$）；创业认知对企业家异质性人力资本自治维度有显著的正向影响关系（$\beta=0.218$，$p\leqslant 0.1$）；核心网络类知识对企业家异质性人力资本自治维度没有显著的正向影响关系（$\beta=0.049$，$t=0.379$）。这说明创业认知可能在核心网络类知识和自治维度之间存在中介效应。

为了进一步验证创业认知在核心网络类知识和企业家异质性人力资本自治维度之间的中介效应，我们单独进行核心网络类知识和企业家异质性人力资本创新维度之间的 PLS 路径分析。结果表明：核心网络类知识对企业家异质性人力资本自治维度没有显著的正向影响关系（$\beta=0.169$，$t=0.874$）。所以，这说明创业认知没有在核心网络类知识和企业家异质性人力资本自治维度之间起中介作用。

二 创业认知在核心网络类知识与创新维度间中介效应检验

由整体结构模型检验可知：核心网络类知识和创业认知之间存在显著的正向影响关系，对于企业家异质性人力资本创新维度而言，创业认知对其有显著的正向影响关系。这些给我们接下来的研究提供了启示：创业认知可能在核心网络类知识和企业家异质性人力资本创新维度之间起中介作用。也就是说，核心网络类知识可能通过创业认知对企业家异质性人力资本创新维度产生正向的显著影响。

在全模型的基础上，我们接着建立核心网络类知识和企业家异质性人力资本创新维度的直接联系，然后运行 PLS 结构方程模型进行检验。结构方程模型验证结果显示：核心网络类知识对创业认知有显著的正向影响关系（$\beta=0.172$，$p \leqslant 0.005$）；创业认知对企业家异质性人力资本创新维度有显著的正向影响关系（$\beta=0.372$，$p \leqslant 0.001$）；核心网络类知识对企业家异质性人力资本创新维度没有显著的正向影响关系（$\beta=-0.063$，$t=0.678$）。这说明创业认知可能在核心网络类知识和企业家异质性人力资本创新维度之间起中介作用。

为了进一步验证创业认知在核心网络类知识和企业家异质性人力资本创新维度之间的中介效应，我们单独进行核心网络类知识和企业家异质性人力资本创新维度之间的 PLS 路径分析。结果表明：核心网络类知识对企业家异质性人力资本创新维度没有显著的正向影响关系（$\beta=0.104$，$t=0.536$）。所以，根据以上的讨论，可以发现创业认知在核心网络类知识和企业家异质性人力资本创新维度之间的中介效应不成立。

三 创业认知在核心网络类知识与风险承担维度间中介效应检验

由整体结构模型检验可知：核心网络类知识和创业认知之间存在显著的正向影响关系，对于企业家异质性人力资本风险承担维度而言,创业认知对其有显著的正向影响关系。这些给我们接下来的研究提供了启示:创业认知可能在核心网络类知识和企业家异质性人力资本风险承担维度之间起中介作用。也就是说,核心网络类知识可能通过创业认知对企业家异质性人力资本风险承担维度产生正向的显著影响。

在全模型的基础上,我们接着建立核心网络类知识和企业家异质性人力资本风险承担维度的直接联系,然后运行 PLS 结构方程模型进行检验。结构方程模型验证结果显示:核心网络类知识对创业认知有显著的正向影响关系($\beta = 0.165$,$p \leq 0.1$);创业认知对企业家异质性人力资本风险承担维度有显著的正向影响关系($\beta = 0.464$,$p \leq 0.001$);核心网络类知识对企业家异质性人力资本风险承担维度没有显著的正向影响关系($\beta = 0.035$,$t = 0.345$)。这说明创业认知可能在核心网络类知识和企业家异质性人力资本风险承担维度之间起中介作用。

为了进一步验证创业认知在核心网络类知识和企业家异质性人力资本风险承担维度之间的中介效应,我们单独进行核心网络类知识和企业家异质性人力资本风险承担维度之间的 PLS 路径分析。结果表明:核心网络类知识对企业家异质性人力资本风险承担维度具有显著的正向影响关系($\beta = 0.227$,$p \leq 0.01$)。所以,根据以上的讨论,可以发现创业认知在核心网络类知识和企业家异质性人力资本风险承担维度之间起完全中介作用。也就是说,核心网络类知识完全通过创业认知对企业家异质性人力资本风险承担维度产生正向的显著影响。具体实现路径可以直观地表示为:核心网络类知识→创业认知→企业家异质性人力资本风险承担维度。

四 创业认知在核心网络类知识与前瞻维度间中介效应检验

由整体结构模型检验可知：核心网络类知识和创业认知之间存在显著的正向影响关系，对于企业家异质性人力资本前瞻维度而言，创业认知对其有显著的正向影响关系。这些给我们接下来的研究提供了启示：创业认知可能在核心网络类知识和企业家异质性人力资本前瞻维度之间起中介作用。也就是说，核心网络类知识可能通过创业认知对企业家异质性人力资本前瞻维度产生正向的显著影响。

在全模型的基础上，我们接着建立核心网络类知识和企业家异质性人力资本前瞻维度的直接联系，然后运行 PLS 结构方程模型进行检验。结构方程模型验证结果显示：核心网络类知识对创业认知有显著的正向影响关系（$\beta = 0.166$，$p \leqslant 0.05$）；创业认知对企业家异质性人力资本前瞻维度有显著的正向影响关系（$\beta = 0.538$，$p \leqslant 0.001$）；核心网络类知识对企业家异质性人力资本前瞻维度没有显著的正向影响关系（$\beta = -0.019$，$t = 0.212$）。这说明创业认知可能在核心网络类知识和企业家异质性人力资本前瞻维度之间起中介作用。

为了进一步验证创业认知在核心网络类知识和企业家异质性人力资本前瞻维度之间的中介效应，我们单独进行核心网络类知识和企业家异质性人力资本前瞻维度之间的 PLS 路径分析。结果表明：核心网络类知识对企业家异质性人力资本前瞻维度具有显著的正向影响关系（$\beta = 0.222$，$p \leqslant 0.1$）。所以，根据以上的讨论，可以发现创业认知可能在核心网络类知识和企业家异质性人力资本前瞻维度之间起完全中介作用。也就是说，核心网络类知识完全通过创业认知对企业家异质性人力资本前瞻维度产生正向的显著影响。具体实现路径可以直观地表示为：核心网络类知识→创业认知→企业家异质性人力资本前瞻维度。

五 创业认知在创业从业经验类知识与自治维度间中介效应检验

由整体结构模型检验可知：创业从业经验类知识和创业认知之间存在显著的正向影响关系，而创业认知对企业家异质性人力资本自治维度有显著的正向影响关系。这些给我们接下来的研究提供了启示：创业认知可能在创业从业经验类知识和企业家异质性人力资本自治维度之间起中介作用。也就是说，创业从业经验类知识可能通过创业认知对企业家异质性人力资本自治维度产生正向的显著影响。

在全模型的基础上，我们接着建立创业从业经验类知识和企业家异质性人力资本自治维度的直接联系，然后运行 PLS 结构方程模型进行检验。结构方程模型验证结果显示：创业从业经验类知识对创业认知有显著的正向影响关系（$\beta=0.203$，$p \leqslant 0.05$）；创业认知对企业家异质性人力资本自治维度没有显著的正向影响关系（$\beta=0.206$，$t=1.607$）；创业从业经验类知识对企业家异质性人力资本自治维度没有显著的正向影响关系（$\beta=0.074$，$t=0.535$）。这说明创业认知没有在创业从业经验类知识和企业家异质性人力资本自治维度之间起中介作用。

六 创业认知在创业从业经验类知识与创新维度间中介效应检验

由整体结构模型检验可知：创业从业经验类知识和创业认

知之间存在显著的正向影响关系,对于企业家异质性人力资本创新维度而言,创业认知对其有显著的正向影响关系。这些给我们接下来的研究提供了启示:创业认知可能在创业从业经验类知识和企业家异质性人力资本创新维度之间起中介作用。也就是说,创业从业经验类知识可能通过创业认知对企业家异质性人力资本创新维度产生正向的显著影响。

在全模型的基础上,我们接着建立创业从业经验类知识和企业家异质性人力资本创新维度的直接联系,然后运行 PLS 结构方程模型进行检验。结构方程模型验证结果显示:创业从业经验类知识对创业认知有显著的正向影响关系($\beta = 0.198$,$p \leqslant 0.1$);创业认知对企业家异质性人力资本创新维度有显著的正向影响关系($\beta = 0.275$,$p \leqslant 0.05$);创业从业经验类知识对企业家异质性人力资本创新维度没有显著的影响关系($\beta = 0.163$,$t = 1.340$)。这说明创业认知可能在创业从业经验类知识和企业家异质性人力资本创新维度之间起中介作用。

为了进一步验证创业认知在创业从业经验类知识和企业家异质性人力资本创新维度之间的中介效应,我们单独进行创业从业经验类知识和企业家异质性人力资本创新维度之间的 PLS 路径分析。结果表明:创业从业经验类知识对企业家异质性人力资本创新维度有显著的正向影响关系($\beta = 0.305$,$p \leqslant 0.001$)。

所以,根据以上的讨论,可以发现创业认知可能在创业从业经验类知识和企业家异质性人力资本创新维度之间起完全中介作用。也就是说,创业从业经验类知识通过创业认知对企业家异质性人力资本创新维度产生正向的显著影响。具体实现路径可以直观地表示为:创业从业经验类知识→创业认知→企业家异质性人力资本创新维度。

七 创业认知在创业从业经验类知识与风险承担维度间中介效应检验

由整体结构模型检验可知：创业从业经验类知识和创业认知之间存在显著的正向影响关系，对于企业家异质性人力资本风险承担维度而言，创业认知对其有显著的正向影响关系。这些给我们接下来的研究提供了启示：创业认知可能在创业从业经验类知识和企业家异质性人力资本风险承担维度之间起中介作用。也就是说，创业从业经验类知识可能通过创业认知对企业家异质性人力资本风险承担维度产生正向的显著影响。

在全模型的基础上，我们接着建立创业从业经验类知识和企业家异质性人力资本风险承担维度的直接联系，然后运行PLS结构方程模型进行检验。结构方程模型验证结果显示：创业从业经验类知识对创业认知有显著的正向影响关系（$\beta=0.199$，$p\leqslant0.1$）；创业认知对企业家异质性人力资本风险承担维度有显著的正向影响关系（$\beta=0.415$，$p\leqslant0.001$）；创业从业经验类知识对企业家异质性人力资本风险承担维度没有显著的影响关系（$\beta=0.154$，$t=1.272$）。这说明创业认知可能在创业从业经验类知识和企业家异质性人力资本风险承担维度之间起中介作用。

为了进一步验证创业认知在创业从业经验类知识和企业家异质性人力资本风险承担维度之间的中介效应，我们单独进行创业从业经验类知识和企业家异质性人力资本风险承担维度之间的PLS路径分析。结果表明：创业从业经验类知识对企业家异质性人力资本风险承担维度具有显著的正向影响关系（$\beta=$

0.330，$p \leq 0.01$）。

所以，根据以上的讨论，可以发现创业认知在创业从业经验类知识和企业家异质性人力资本风险承担维度之间起完全中介作用。也就是说，创业从业经验类知识既可以通过创业认知对企业家异质性人力资本风险承担维度产生正向的显著影响。具体实现路径可以直观地表示为：创业从业经验类知识→创业认知→企业家异质性人力资本风险承担维度。

八 创业认知在创业从业经验类知识与前瞻维度间中介效应检验

由整体结构模型检验可知：创业从业经验类知识和创业认知之间存在显著的正向影响关系，对于企业家异质性人力资本前瞻维度而言，创业认知对其有显著的正向影响关系。这些给我们接下来的研究提供了启示：创业认知可能在创业从业经验类知识和企业家异质性人力资本前瞻维度之间起中介作用。也就是说，创业从业经验类知识可能通过创业认知对企业家异质性人力资本前瞻维度产生正向的显著影响。

在全模型的基础上，我们接着建立创业从业经验类知识和企业家异质性人力资本前瞻维度的直接联系，然后运行 PLS 结构方程模型进行检验。结构方程模型验证结果显示：创业从业经验类知识对创业认知有显著的正向影响关系（$\beta = 0.196$，$p \leq 0.1$）；创业认知对企业家异质性人力资本前瞻维度有显著的正向影响关系（$\beta = 0.485$，$p \leq 0.001$）；创业从业经验类知识对企业家异质性人力资本前瞻维度没有显著的影响关系（$\beta = 0.125$，$t = 1.203$）。这说明创业认知可能在创业从业经验类知识和企业家异质性人力资本前瞻维度之间起中介作用。

为了进一步验证创业认知在创业从业经验类知识和企业家异质性人力资本前瞻维度之间的中介效应,我们单独进行创业从业经验类知识和企业家异质性人力资本前瞻维度之间的 PLS 路径分析。结果表明:创业从业经验类知识对企业家异质性人力资本前瞻维度具有显著的正向影响关系 ($\beta = 0.428$, $p \leqslant 0.001$)。

所以,根据以上的讨论,可以发现创业认知在创业从业经验类知识和企业家异质性人力资本前瞻维度之间起完全中介作用。也就是说,创业从业经验类知识可以通过创业认知对企业家异质性人力资本前瞻维度产生正向的显著影响。具体实现路径可以直观地表示为:创业从业经验类知识→创业认知→企业家异质性人力资本前瞻维度。

九 创业认知在管理自我类知识与自治维度间中介效应检验

由整体结构模型检验可知:管理自我类知识和创业认知之间存在显著的正向影响关系,对于企业家异质性人力资本自治维度而言,创业认知对其有显著的正向影响关系。这些给我们接下来的研究提供了启示:创业认知可能在管理自我类知识和企业家异质性人力资本自治维度之间起中介作用。也就是说,管理自我类知识可能通过创业认知对企业家异质性人力资本自治维度产生正向的显著影响。

在全模型的基础上,我们接着建立管理自我类知识和企业家异质性人力资本自治维度的直接联系,然后运行 PLS 结构方程模型进行检验。结构方程模型验证结果显示:管理自我类知识对创业认知有显著的正向影响关系 ($\beta = 0.362$, $p \leqslant 0.01$);

创业认知对企业家异质性人力资本自治维度没有显著的影响关系（$\beta = 0.124$，$t = 0.953$）；管理自我类知识对企业家异质性人力资本自治维度没有显著的正向影响关系（$\beta = 0.233$，$p \leqslant 0.1$）。这说明创业认知没有在管理自我类知识和企业家异质性人力资本自治维度之间起中介作用。

十　创业认知在管理自我类知识与创新维度间中介效应检验

由整体结构模型检验可知：管理自我类知识和创业认知之间存在显著的正向影响关系，对于企业家异质性人力资本创新维度而言，创业认知对其有显著的正向影响关系。这些给我们接下来的研究提供了启示：创业认知可能在管理自我类知识和企业家异质性人力资本创新维度之间起中介作用。也就是说，管理自我类知识可能通过创业认知对企业家异质性人力资本创新维度产生正向的显著影响。

在全模型的基础上，我们接着建立管理自我类知识和企业家异质性人力资本创新维度的直接联系，然后运行 PLS 结构方程模型进行检验。结构方程模型验证结果显示：管理自我类知识对创业认知有显著的正向影响关系（$\beta = 0.372$，$p \leqslant 0.01$）；创业认知对企业家异质性人力资本创新维度有显著的正向影响关系（$\beta = 0.256$，$p \leqslant 0.05$）；管理自我类知识对企业家异质性人力资本创新维度没有显著的正向影响关系（$\beta = 0.176$，$t = 1.289$）。这说明创业认知可能在管理自我类知识和企业家异质性人力资本创新维度之间起中介作用。

为了进一步验证创业认知在管理自我类知识和企业家异质性人力资本创新维度之间的中介效应，我们单独进行管理自我类知识和企业家异质性人力资本创新维度之间的 PLS 路径分析。结果表明：管理自我类知识对企业家异质性人力资本创新维度有显著的正向影响关系（$\beta = 0.311$，$p \leqslant 0.001$）。

所以，根据以上的讨论，可以发现创业认知在管理自我类知识和企业家异质性人力资本创新维度之间起完全中介作用。也就是说，管理自我类知识可以通过创业认知对企业家异质性人力资本创新维度产生正向的显著影响。具体实现路径可以直观地表示为：管理自我类知识→创业认知→企业家异质性人力资本创新维度。

十一 创业认知在管理自我类知识与风险承担维度间中介效应检验

由整体结构模型检验可知：管理自我类知识和创业认知之间存在显著的正向影响关系，对于企业家异质性人力资本风险承担维度而言，创业认知对其有显著的正向影响关系。这些给我们接下来的研究提供了启示：创业认知可能在管理自我类知识和企业家异质性人力资本风险承担维度之间起中介作用。也就是说，管理自我类知识可能通过创业认知对企业家异质性人力资本风险承担维度产生正向的显著影响。

在全模型的基础上，我们接着建立管理自我类知识和企业家异质性人力资本风险承担维度的直接联系，然后运行 PLS 结构方程模型进行检验。结构方程模型验证结果显示：管理自我类知识对创业认知有显著的正向影响关系（$\beta = 0.367$，$p \leqslant 0.01$）；创业认知对企业家异质性人力资本风险承担维度有显著的正向影响关系（$\beta = 0.277$，$p \leqslant 0.01$）；管理自我类知识对企业家异质性人力资本风险承担维度有显著的正向影响关系（$\beta = 0.405$，$p \leqslant 0.001$）。这说明创业认知可能在管理自我类知识和企业家异质性人力资本风险承担维度之间起中介作用。

为了进一步验证创业认知在管理自我类知识和企业家异质性人力资本风险承担维度之间的中介效应,我们单独进行管理自我类知识和企业家异质性人力资本风险承担维度之间的 PLS 路径分析。结果表明:管理自我类知识对企业家异质性人力资本风险承担维度具有显著的正向影响关系($\beta = 0.518$, $p \leq 0.001$)。

所以,根据以上的讨论,可以发现创业认知在管理自我类知识和企业家异质性人力资本风险承担维度之间起部分中介作用。也就是说,管理自我类知识既可以直接对企业家异质性人力资本风险承担维度产生正向的显著影响,也可以通过创业认知对企业家异质性人力资本风险承担维度产生正向的显著影响。具体实现路径可以直观地表示为:管理自我类知识→企业家异质性人力资本风险承担维度,或者管理自我类知识→创业认知→企业家异质性人力资本风险承担维度。

十二　创业认知在管理自我类知识与前瞻维度间中介效应检验

从上述结果可以得知:管理自我类知识和创业认知之间存在显著的正向影响关系,对于企业家异质性人力资本前瞻维度而言,创业认知对其有显著的正向影响关系。这些给我们接下来的研究提供了启示:创业认知可能在管理自我类知识和企业家异质性人力资本前瞻维度之间起中介作用。也就是说,管理自我类知识可能通过创业认知对企业家异质性人力资本前瞻维度产生正向的显著影响。

在全模型的基础上,我们接着建立管理自我类知识和企业家异质性人力资本前瞻维度的直接联系,然后运行 PLS 结构方程模型进行检验。结构方程模型验证结果显示:管理自我类知识对创业认知有显著的正向影响关系（$\beta = 0.371$，$p \leqslant 0.01$）；创业认知对企业家异质性人力资本前瞻维度有显著的正向影响关系（$\beta = 0.429$，$p \leqslant 0.001$）；管理自我类知识对企业家异质性人力资本前瞻维度有显著的正向影响关系（$\beta = 0.219$，$p \leqslant 0.1$）。这说明创业认知可能在管理自我类知识和企业家异质性人力资本前瞻维度之间起中介作用。

为了进一步验证创业认知在管理自我类知识和企业家异质性人力资本前瞻维度之间的中介效应，我们单独进行管理自我类知识和企业家异质性人力资本前瞻维度之间的 PLS 路径分析。结果表明：管理自我类知识对企业家异质性人力资本前瞻维度具有显著的正向影响关系（$\beta = 0.491$，$p \leqslant 0.001$）。

所以，根据以上的讨论，可以发现创业认知在管理自我类知识和企业家异质性人力资本前瞻维度之间起部分中介作用。也就是说，管理自我类知识既可以直接对企业家异质性人力资本前瞻维度产生正向的显著影响，也可以通过创业认知对企业家异质性人力资本前瞻维度产生正向的显著影响。具体实现路径可以直观地表示为：管理自我类知识→企业家异质性人力资本前瞻维度，或者管理自我类知识→创业认知→企业家异质性人力资本前瞻维度。

总结以上创业认知在知识和企业家异质性人力资本之间的中介作用检验结果如表 6-20 所示。

表 6-20　创业认知中介效应汇总表

	核心网络类知识	创业从业经验类知识	管理自我和任务类知识
自 治	无	无	无
创 新	无	完全中介	完全中介
风险承担	完全中介	完全中介	部分中介
前 瞻	完全中介	完全中介	部分中介

第五节　风险倾向调节效应的检验

在理论分析部分，我们假设风险倾向在创业认知与企业家异质性人力资本之间存在调节效应。为进一步检验风险倾向在创业认知与企业家异质性人力资本关系间的调节作用的假设，本节采用调节效应分析的经典方法——垂直调节回归（Hierarchical Moderated Regression）。这种分析方法通过引入调节变量与自变量的乘积交互项，可以将加入调节变量前后的模型进行比较，以衡量调节变量引入后对因变量的显著性程度。同时，根据 Aiken 和 West（1991）的建议，在研究交互效应的时候，变量需要进行中心化过程以便于调节效应的检验。因此，本节拟对创业认知及风险倾向进行中心化处理后，采用多元回归方法，检验风险倾向在创业认知与企业家异质性人力资本关系间的调节效果。

根据 Sharma 等（1981）的调节效应检验程序，对自变量 X、因变量 Y、调节变量 Z，如果 Z 与 X 的交互项显著，则 Z 是 X 与 Y 的调节变量。因此，我们检验 Z 与 X 的交互项是否显著，以此作为 Z 是否是自变量 X 和因变量 Y 间关系调节变量的依据。

因此，根据 Sharma 等（1981）的研究建议，本节采用多元回归方法检验风险倾向在创业认知与企业家异质性人力资本各个维度之间存在的调节作用。第一步，以企业持续优势为被解释变量，将企业家年龄、企业家学历、企业家政治身份、公司人数、公司所处生命周期、公司产业类型六个控制变量带入方程进行回归;第二步,将中心化后的创业认知和风险倾向带入方程进行回归;第三步,将中心化后的创业认知和风险倾向的交互项带入方程进行回归,观察交互项的显著性。多元回归分析的详细结果如表6-21和表6-22所示。

表6-21 风险倾向对创业认知—企业家异质性人力关系调节效应的回归分析

变量	因变量:自治维度			因变量:创新维度		
	Model1	Model2	Model3	Model4	Model5	Model6
企业家年龄	0.234**	0.167*	0.153*	0.044	-0.023	-0.033
企业家学历	-0.140+	-0.167*	-0.124	0.166+	0.132	0.165*
企业家政治身份	-0.015	-0.032	-0.035	0.000	-0.004	-0.007
公司人数	0.137	0.130	0.120	0.063	0.064	0.057
企业生命周期	-0.026	0.018	0.013	-0.154+	-0.165*	-0.169*
公司产业类型	0.080	-0.038	-0.046	-0.092	-0.035	-0.041
创业认知		0.123	0.098		0.280**	0.261*
风险倾向		0.185+	0.187+		0.048	0.050
创业认知×风险倾向			0.223**		-0.023	0.171*
F-Value	2.363*	3.567**	4.356***	1.987+	3.726**	3.992***
R-square	0.082	0.155	0.202	0.070	0.160	0.188
Adjusted R-square	0.048	0.111	0.156	0.035	0.117	0.141
R-square Change	0.082	0.072	0.119	0.070	0.090	0.118

注:强制性的自变量进入方法,表中显示了标准回归系数。***表示显著性水平 $p<0.001$;**表示显著性水平 $p<0.01$;*表示显著性水平 $p<0.05$;+表示显著性水平 $p<0.1$。

表 6-22　风险倾向对创业认知—企业家异质性人力关系调节效应的回归分析

变量	因变量：自治维度			因变量：创新维度		
	Model1	Model2	Model3	Model4	Model5	Model6
企业家年龄	-0.018	-0.154*	-0.158*	0.192*	0.069	0.062
企业家学历	0.034	-0.018	-0.007	0.219**	0.161*	0.183**
企业家政治身份	0.114	0.074	0.073	0.047	0.030	0.028
公司人数	0.077	0.060	0.057	0.006	0.002	-0.002
企业生命周期	0.006	-0.008	-0.010	-0.039	-0.058	-0.061
公司产业类型	-0.099	-0.019	-0.021	-0.243**	-0.148*	-0.152*
创业认知		0.182*	0.176+		0.408***	0.395***
风险倾向		0.431*	0.432***		0.182*	0.183*
创业认知×风险倾向			0.057			0.115+
$F-Value$	0.891	9.487***	8.499***	4.561***	14.076***	13.087***
$R-square$	-0.033	0.327	0.330	0.148	0.419	0.432
Adjusted $R-square$	0.004	0.293	0.292	0.115	0.389	0.399
$R-square$ Change	0.033	0.295	0.298	0.148	0.272	0.284

注：强制性的自变量进入方法，表中显示了标准回归系数。***表示显著性水平 $p<0.001$；**表示显著性水平 $p<0.01$；*表示显著性水平 $p<0.05$；+表示显著性水平 $p<0.1$。

首先，我们应用垂直调节回归方法检验风险倾向在创业认知与企业家异质性人力资本自治维度之间是否存在调节作用。由表 6-21 的回归分析结果可以看出，Model3 中创业认知和风险倾向的交互项的交互项显著（$\beta=0.223$，$p\leqslant 0.01$），说明风险倾向在创业认知与企业家异质性人力资本自治维度之间存在调节效应。

其次，我们应用垂直调节回归方法检验风险倾向在创业认知与企业家异质性人力资本创新维度之间是否存在调节作用。由表6-21的回归分析结果可以看出，Model6中创业认知和风险倾向的交互项的交互项显著（$\beta = 0.171$，$p \leq 0.05$），说明风险倾向在创业认知与企业家异质性人力资本创新维度之间存在调节效应。

再次，我们应用垂直调节回归方法检验风险倾向在创业认知与企业家异质性人力资本风险承担维度之间是否存在调节作用。由表6-22的回归分析结果可以看出，Model9中创业认知和风险倾向的交互项不显著，说明风险倾向在创业认知与企业家异质性人力资本风险承担维度之间不存在调节效应。

最后，我们应用垂直调节回归方法检验风险倾向在创业认知与企业家异质性人力资本前瞻维度之间是否存在调节作用。由表6-22的回归分析结果可以看出，Model12中创业认知和风险倾向的交互项显著（$\beta = 0.115$，$p \leq 0.1$），说明风险倾向在创业认知与企业家异质性人力资本前瞻维度之间存在调节效应。

为了进一步验证调节效应的假设，根据Wouter和Tom（2008）的建议，我们将样本按照风险倾向的取值分成两组，当"数值≥（均值+一个标准差）"的时候，将该组定义为高风险倾向组；当"数值≤（均值-一个标准差）"的时候，将该组定义为低风险倾向组。按照Aiken和West（1991）的建议，并对两个风险倾向水平下的创业认知和企业家异质性人力资本各个维度间关系进行回归，以进行简单斜率分析（Simple Slope Analysis）。

首先，我们考察两个风险倾向水平下的创业认知和企业家异质性人力资本自治维度间的关系，图6-2显示了回归后的拟

第六章 企业家知识与企业家人力资本之间的关系检验 | 195

合直线的状态。从图 6-2 中可以看出，当风险倾向表现为高水平时候，创业认知和企业家异质性人力资本自治维度表现较强的显著正相关关系（$\beta = 0.4875$，$p \leqslant 0.05$）。而当风险倾向表现为低水平的时候，创业认知和企业家异质性人力资本自治维度表现为负相关关系（$\beta = -0.421$，$t = -1.394$）。这说明当风险倾向表现为高水平的时候，创业认知对企业家异质性人力资本自治维度的积极效应则更为显著。

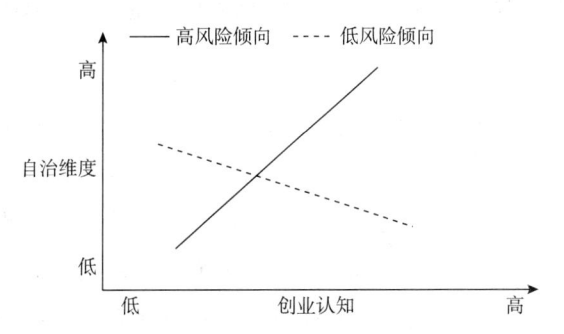

图 6-2 风险倾向在创业认知与企业家异质性人力资本自治维度间的调节效应

其次，我们考察两个风险倾向水平下的创业认知和企业家异质性人力资本创新维度间的关系，图 6-3 显示了回归后的拟合直线的状态。从图 6-3 中可以看出，当风险倾向表现为高水平时候，创业认知和企业家异质性人力资本创新维度表现较强的显著正相关关系（$\beta = 0.487$，$p \leqslant 0.05$）。而当风险倾向表现为低水平的时候，创业认知和企业家异质性人力资本创新维度表现为负相关关系（$\beta = -0.450$，$t = -1.512$）。这说明当风险倾向表现为高水平的时候，创业认知对企业家异质性人力资本创新维度的积极效应则更为显著。

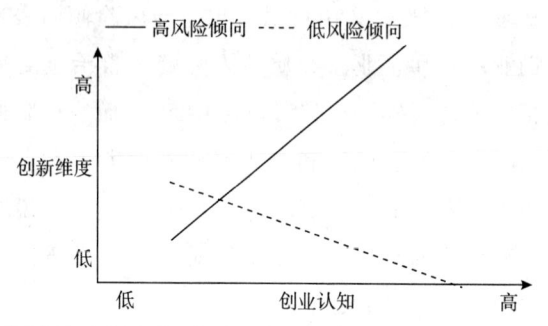

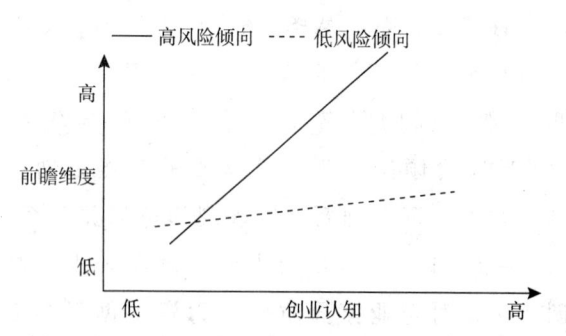

图 6-3 风险倾向在创业认知与企业家异质性人力资本创新维度间的调节效应

最后，我们考察两个风险倾向水平下的创业认知和企业家异质性人力资本前瞻维度间的关系，图 6-4 显示了回归后的拟合直线的状态。从图 6-4 中可以看出，当风险倾向表现为高水平时候，创业认知和企业家异质性人力资本前瞻维度表现较强的显著正相关关系（$\beta = 0.489$，$p \leqslant 0.05$）。而当风险倾向表现为低水平的时候，创业认知和企业家异质性人力资本前瞻维度呈现正相关关系（$\beta = 0.197$，$t = 0.602$）。这说明当风险倾向表现为高水平的时候，创业认知对企业家异质性人力资本前瞻维度的积极效应则更为显著。

图 6-4 风险倾向在创业认知与企业家异质性人力资本前瞻维度间的调节效应

第六章 企业家知识与企业家人力资本之间的关系检验

第六节 小结

本章是对研究假设进行实证验证的部分。为了确定影响异质性人力资本四个维度的控制变量，本章在一开始用 SPSS 软件进行了对可能影响的人口统计指标、公司指标的方差分析，结果表明企业家的年龄、学历、政治身份、公司人数、生命周期阶段、产业类型几个因素在企业家异质性人力资本四个维度中的一个或者几个维度中有差异，因此将以上控制变量放入全模型对相应的维度进行控制。

首先，在整体模型检验之前，本研究对模型的信度、效度和数据同源偏差进行了检验，检验结果表明模型的信度效度良好，适合做之后的分析。因此，本研究进行了知识对于企业家异质性人力资本的模型检验，结果表明，社会网络类知识中的核心类网络知识，创业从业经验知识和管理实践中的管理自我知识对于企业家创业认知有显著的正向影响，其他的知识类别对于创业认知没有影响。而创业认知对于企业家异质性人力资本四个维度都有显著的正向影响。

其次，本研究对于创业认知的中介效应开始进行验证。根据整体模型的检验结果表明，创业认知在知识和企业家异质性人力资本的自治维度之间没有任何中介效应，而创业认知在知识和创新、风险承担、前瞻维度上均存在中介效应，有的是部分中介有的是完全中介。创业认知的完全中介效应存在于以下方面：核心网络类知识和风险承担、前瞻之间的中介效应，创业从业经验类知识和创新、风险承担、前瞻之间的中介效应，管理自我类知识和创新之间的中介效应。创业认知的部分中介效应存在于以下方面：管理自我类知识和风险承担、前瞻之间的中介效应。

最后，检验风险倾向在创业认知和企业家异质性人力资本之间的调节效应。在验证时，先运用垂直调节回归方法进行验证，结果表明，风险倾向在创业认知和异质性人力资本的自治维度、创新维度、前瞻维度之间有显著的调节效应，而在风险承担这个维度上不存在调节效应。接下来，本研究将样本分为高风险倾向和低风险倾向两组，分别对两组进行创业认知与自治、创新、前瞻维度之间的回归关系进行分析。结果表明，风险倾向较高的企业家的创业认知和人力资本的自治、创新、前瞻各维度间存在显著的正向影响；而风险倾向较低的企业家的创业认知和人力资本的自治、创新、前瞻各维度间的关系不显著。

第七章
研究结论与展望

第一节 研究的主要结论

一 变量测量

变量的测量主要包括企业家的知识的测量和企业家异质性人力资本的维度测量。

1. 企业家知识的四维度模型

知识是促进人力资本形成的主要因素，与企业家异质性人力资本形成相关的知识应当是与创业相关的知识。虽然从知识的显性化程度划分知识是一种经典的做法，但是从可操作化角度而言，按照知识的来源渠道划分知识的类型更为可行。在与企业家创业相关的知识当中，包括了以下四个方面：企业家学术知识、企业家社会网络类知识、企业家创业从业经验知识、企业家管理实践类知识。这些知识也可以理解为企业家知识获取的内部程序和外部程序。

经过小样本预检验、大样本数据分析，采用修正后项目总相关系数（CITC）、探索性因子分析和验证性因子分析方法对知识的各个维度分别进行分析,企业家知识的四个维度得到进一步细化分解。企业家社会网络类知识被分为两个因子:核心网络类知识和辅助网络类知识;企业家管理实践类知识被分为两个因子:管理自我类知识、管理他人和任务类知识。

因此,知识的四个维度被进一步地细分为学术知识、核心网络类知识和辅助网络类知识、创业从业经验类知识、管理自我知识和管理他人和任务的知识。企业家通过以上这些渠道获取重要的创业知识,这既包括了显性知识,也包括了隐性知识,两种知识在以上几个渠道中均被包含。

2. 企业家异质性人力资本的四维度模型

通过对于企业家和企业家人力资本的相关理论与文献的回顾和内核分析,以及对于企业家异质性人力资本构建维度的实证分析,本研究认为企业家的异质性人力资本这一构念包括了自治、创新、风险承担、前瞻四个维度,企业家通过四个维度的作用和行动对企业的成长发挥作用。

通过小样本预检验、大样本数据分析,采用修正后项目总相关系数(CITC)、探索性因子分析和验证性因子分析方法对企业家异质性人力资本的结构维度进行了分析,得出并证实了企业家异质性人力资本结构维度的构成:企业家异质性人力资本包括了自治、创新、风险承担、前瞻四个维度。

在企业的发展过程中,企业家的主动自发行为和创新行为、冒险行为,以及超前行动行为是企业家自治、创新、风险承担、前瞻维度的具体行为表现,这些行为将企业家区别于其他管理人员、普通员工。企业家的这些特征是别人难以模仿的,是专属于企业家个人的特征,也是这些行为的投入帮助企业形成自己独特的核心竞争能力。

二 模型关系测量

模型关系测量包括了整体模型的测量和创业认知中介效应的测量。

1. 企业家知识、创业认知和企业家异质性人力资本之间的关系模型

整体模型检验之前，本研究对模型的信度、效度和数据同源偏差进行了检验，检验结果表明模型的信度、效度良好，适合做随后的分析。之后，本研究运用结构方程模型进行了知识对于企业家异质性人力资本的模型检验，结果表明，创业认知对于企业家异质性人力资本四个维度都有显著的正向影响。社会网络类知识中的核心类网络知识，创业从业经验知识和管理实践中的管理自我知识对于企业家创业认知有显著的正向影响，而学术知识、辅助网络类知识、管理他人和任务类知识对于创业认知没有影响。

从此结论中可以得知，经验、实践类知识可以促进企业家异质性人力资本的形成，而教育在此并没有显著的作用，从某种程度上支持了企业家异质性人力资本的"经验说"。对于学术知识为什么没有显著影响到创业认知，应有如下原因：第一，本研究的抽样对象是民营企业家，从学历上来看，大学以及以下的样本占了80%以上，专科及以下的样本占了41.2%，因此，样本学历不高影响到学术知识的衡量，导致结论表明学术知识和创业认知之间没有显著的相关关系。第二，民营企业家在经验、实践类知识方面对于创业的作用最为突出，目前对于企业家社会资本、社会网络的重要作用有很多研究，民营企业家的形成依赖的知识中，来源于社会网络和管理实践的知识要占主

导作用。这也进一步解释了为什么企业家的学术知识并没有起到显著的影响作用。但是此结论又不等同于"创业认知说",因为在创业认知必须具备的条件之外,还必须有相关的创业知识。所以,知识通过创业认知的传导才能最终形成企业家异质性人力资本。

2. 创业认知在知识和企业家异质性人力资本之间的中介效应模型

根据整体模型的检验结果,创业认知在知识和企业家异质性人力资本的自治维度没有任何中介效应,而创业认知在知识和创新、风险承担、前瞻维度上均存在中介效应,有的是部分中介,有的是完全中介。创业认知的完全中介效应存在于以下方面:核心网络类知识和风险承担、前瞻维度之间的中介效应,创业从业经验类知识和创新、风险承担、前瞻维度之间的中介效应,管理自我类知识和创新之间的中介效应。创业认知的部分中介效应存在于以下方面:管理自我类知识和风险承担、前瞻维度之间的中介效应。

因此,知识对于企业家的异质性人力资本的形成在绝大程度上需要创业认知的中介作用。具体而言,企业家异质性人力资本的自治维度不需要创业认知作为中介,但是创新、风险承担和前瞻维度需要创业认知作为中介变量的作用。对于自治并不受到创业认知的影响,原因可能是创业认知通过企业家的态度、性格等心理因素最终导致自治的形成。

3. 风险倾向在知识和企业家异质性人力资本之间的调节效应模型

通过实证检验,风险倾向在创业认知和异质性人力资本的自治维度、风险承担维度、前瞻维度之间有显著的调节效应,而在风险承担这个维度上不存在调节效应。通过将样本分为高风险倾向和低风险倾向两组,分别对创业认知与自治、创新、前瞻维度之间的回归关系进行分析。结果表明,风险倾向较高的企业家的创业认知和人力资本的自治、创新、前瞻各维度间存在显著的正向影响;而风险倾向较低的企业家的创业认知和人力资本的自治、创新、前瞻各维度间的关系不显著。

可见,风险倾向对于创业认知的调节作用在企业家四个维度中的自治、创新、前瞻三个维度上都是存在的,这积极地支持了最初的假想。

第二节 研究启示

在很多研究中关注的企业家创业的影响因素中,有的支持教育对于创业的影响,有的支持经验对于创业的影响。本书在这样的背景之下对于企业家的形成进行了研究,具体而言是从企业家的异质性人力资本角度进行研究。研究的结果对于管理实践有一定的解释力度,也有一定的启示作用。

首先是对于企业家的核心概念理解方面有一定的启示。企业家有各种外在的人际角色、信息角色、决策角色等各种看得见的角色在企业中发挥作用之外,最关键的促进企业建立和成长的部分就是他们的异质性人力资本。这种人力资本可以成功地解释企业家为什么在企业中具有特殊性,而且可以具体地指出发挥作用的是自治、创新、风险承担、前瞻的四个维度。对这个问题的清晰理解就可以解释为什么企业家的收入要远远高于普通人,而同时这个问题又总是社会关注的焦点。

第二个启示就是企业家到底是怎样促进自己的异质性的人

力资本形成的,是要通过"干中学",还是要去接受各种各样的教育培训?实证结果给我们的启示就是,企业家的核心网络、经验以及对自己的良好管理都可以促进自己异质性人力资本的形成。而这些基本上都不是从学校得来的知识,实证结果也显示学术知识对于企业家异质性人力资本的形成没有任何显著影响。所以经验、社会网络对于企业家异质性人力资本的形成有着至关重要的作用,同样,基于经验知识的分享和扩大对于企业的发展就有着重要的意义(Nonaka,1994)。这对于目前的教育体系提出了挑战,到底对于创业方面需要怎样的教育体系和制度,到底课堂教育要占多大的比重,是否可以与非正式学习过程结合起来,为企业家的培养提供新的方式,都是需要进一步探讨的问题。

但是这样的结论并不能等于说具备高层次学术知识的人就不具备企业家精神,因为本研究的样本是企业家,讨论范围有限,并不包括学术性或者其他异质性人力资本,因此我们的结论反推不一定成立。我们还没有验证具备高层次学术知识的人是不是企业家,是不是科学家等,学术异质性人力资本也具备高创业精神,这不在本研究的讨论范围之内。

另外,这个结论也不能错误理解为企业家的学术知识对企业家的创业认知起负面作用。企业家的学术知识只是与企业家的创业认知没有显著相关关系,但是并不表示是起反作用的。企业家的学术知识也许会给企业家带来其他方面的帮助作用,所以才会有越来越多的企业家参与到正式教育中来。

第三个启示是关于知识如何能促进企业家异质性人力资本的形成。除了企业家异质性人力资本的自治维度,知识对于其他的维度的影响几乎都要通过创业认知这样的中介来完成。这样的结果有两个方面的启示:对于个人而言,企业家的最终形成不仅在于拥有了什么样的知识和拥有了多少知识,还在于有没有对于创业的敏感性,有没有对于创业机会的警觉性。如果具备了这样的创业认知,就可以形成创新、风险承担和前瞻维度的几种创业行为;但是如果没有创业认知,则知识很难转化为企业家的异质性人力资本。这样的结果是非常有趣的,这不仅是对教育的挑战,还是对国家创业政策、社会观念提出的挑战,如何在社会的群体意识中唤醒创业认知,如何以政策来保障、促进创业认知的形成,都是对实践和理论提出的更大挑战。

第四,对于创业认知,还有再深入一步的启示。经常活跃于各种社会活动中的个人,有着丰富工作经验的个人和做事情永远自动自发的个人往往都会走向创业,这也是社会网络知识和经验、实践知识激发了创业认知,促进了企业家异质性人力资本的形成。同时,对于如何能够激发自己的创业认知方面,从社会网络角度而言,最为有效的知识来源是与企业家关系紧密的社会网络,也是最频繁接触的社会网络,这包括了企业的上游企业和下游企业,包括企业的供应商、批发商、零售商等。与这些网络的接触能够更快地激发创业认知,促进企业家异质性人力资本的形成。而其他咨询机构的作用则不如这些社会网络的作用明显。从管理实践而言,管理他人和任务对于提升企业家异质性人力资本也没有显著的作用,这可能是因为关注他人往往会使企业家忽视掉自己的发展。

因此,对于知识、创业认知和企业家异质性人力资本的研究对于管理实践、教育实践、政策制定、社会文化和观念都有着一定的启示作用。这样,不仅让我们对于很多社会问题和社会现象有了很好的理解,也对于未来社会的发展提供了一定的借鉴。

最后一点启示就是企业家本身风险倾向的高低对于异质性人力资本形成过程中的明显调节作用。在企业家具备了创业认知的时候，不同风险倾向的企业家在其异质性人力资本的形成过程中也存在着不同。也就是说，爱冒险的企业家在具备创业认知的时候可能更容易形成异质性人力资本，或者说比其他企业家的异质性人力资本更为明显；而相反，不爱冒险的企业家则在形成速度或者明显程度方面就不如前者了。这是否对企业家的心理学研究方面有可供参考的意义也是需要进一步探索的问题。

第三节 研究不足与后续研究建议

本书遵循科学研究的逻辑，秉着严谨认真的学术态度进行实证研究。但是由于时间有限，依然存在一些局限性。这些局限性可能影响本书研究结论的精确度，但这也是未来相关研究应该改进和拓展的地方。

第一，样本数量的局限性。

由于时间的有限，也由于个人社会网络的有限，本书抽样数量还不够涵盖各个省份，因此无法全面了解国内企业家全体的创业行为。这样可能会忽视掉一些影响到企业家创业认知和异质性人力资本的影响因素，淡化地区差异和样本的代表性，造成结果的不精确。本书在研究设计时也尽力降低由于地区差异而带来的影响，而更大样本的调研是未来研究的一个努力方向。

第二，截面数据的局限性。

本书只是进行的一次性调研，还没有实现对于同个样本企业家的跟踪调查。企业家的知识是在变化之中的，目前很多企业家在最初的创业阶段依靠自己的经验或者社会网络来进行，但是在某一个节点上，转而寻求学校的帮助。比如当下比较热门的 EMBA 教育就有很多民营企业家学员，这样的现象是不是表明企业家依靠非学术知识进行创业有时效性；是不是在某个时间节点上需要从社会网络知识、经验知识转化为结合学术知识的综合知识才能继续保持企业家的异质性人力资本价值，否则就会难以支撑一个企业的高速发展？这样的问题是非常有趣的，这也是本研究以后研究的一个重要方面。

第三，企业家性质单一。

本书的企业家选择均是来源于以盈利为目的的民营企业家，性质比较单一，这也是为了让研究目标更单一、集聚。但是不可忽视的是，目前社会企业的兴起，社会企业家的出现成为学术界和实践界的新生力量。社会企业是通过企业的形式实现社会价值，为社会提供福利。它关注的对象是社会的弱势群体，试图通过自力更生来兼济社会。社会企业家则是不同于普通企业家的群体，他们的异质性人力资本构成维度可能与普通的企业家有所不同，除了自治、创新、风险承担、前瞻几个维度之外，还有可能包括了社会责任、社会道德等方面的维度。而在知识和社会企业家异质性人力资本之间的中介变量是不是创业认知还不得而知，或者说创业认知是不是本研究界定的创业敏感性还不确定，或许还应当包括与社会责任相关的测项才能完全表达社会企业家的创业认知。所以，如果对于社会企业家进行针对性研究，应该还有更有趣、更不同的结果，这也是本书的后续研究空间。

第四,对于知识的测量仍需改进。

对于知识的划分有不同的方法,本书通过分析整合了公认的几种提法,而且选取最方便测量的方法进行知识的测量。但是缺陷在于并没有直接指出这样的知识是什么知识,比如是人际知识还是技术知识,所以导致这一概念涵盖范围比较大,无法再将其细分精确。虽然继续细分知识在理论出发点上和操作上都有一定的难度,但是也希望可以继续改进。

第五,研究视角仍需扩展。

对于企业家异质性人力资本的形成,一些学者也提出疑问:企业家是否是"天生"的?我们也认为企业家的形成可能与一些与生俱来的因素相关,心理学中也有关于性格、人格等心理因素和遗传因素等方面的研究。限于时间和精力的制约,本书只是局限于研究知识与企业家异质性人力资本的形成之间的关系,而没有深入研究企业家的心智模式等方面的因素与企业家异质性人力资本的形成之间的关系,如果能将知识和心智模式等因素结合研究,研究的结论将更有代表性。

参考文献

[1] 陈南荣:《认知论》[M],厦门大学出版社,2000。

[2] 陈晓静、芮明杰:《隐性知识创新影响因素的实证研究》[J],《统计与决策》,2007(21):85-89。

[3] 陈晓萍、徐淑英、樊景立:《组织与管理研究的实证方法》[M],北京大学出版社,2008。

[4] 陈震红:《创业者创业决策的风险行为研究》[D],博士学位论文,武汉理工大学,2004。

[5] 程钧谟:《企业知识创新能力模糊评价体系研究》[J],华东经济管理,2005(5)。

[6] 丁栋虹:《制度变迁中企业家成长模式》[M],南京大学出版社,1999。

[7] 费涓洪:《社会资本与女性创业——上海30位私营企业女性业主的个案调查》[J],中华女子学院学报,2005,17(2):51-56。

[8] 郭瑜桥、和金生、王咏源:《隐性知识与显性知识的界定研究》[J],西南交通大学学报(社会科学版),2007(6):121。

[9] 侯杰泰、温忠麟、成子娟:《结构方程模型及其应用》[M],教育科学出版社,2004。

[10] 胡旭阳：《民营企业家的政治身份与民营企业的融资便利——以浙江省民营百强企业为例》[J]，《管理世界》，2006（5）：107-141。

[11] 黄芳铭：《结构方程模式：理论与应用》[M]，中国税务出版社，2005。

[12] 江三良：《企业家人力资本持续供给的制度化与企业持续成长》[J]，《经济管理》，2006（23）：61-64。

[13] 黎赔肆：《社会网络视角的企业家学习模式研究》[D]，博士学位论文，复旦大学，2008。

[14] 李一楠：《隐性知识管理研究综述》[J]，《情报杂志》，2007（8）：60-62。

[15] 李铮、姚本先：《心理学新论》[M]，高等教育出版社，2001。

[16] 连旭、车宏生、田效勋：《中国管理者隐性知识的结构及相关研究》[J]，心理学探新，2007（2）：77-81。

[17] 林祥、李垣：《基于隐性知识的核心能力的维度分析》[J]，经济社会体制比较，2003（5）：105-108。

[18] 刘福潮、解建仓：《经验类隐性知识的表达及转移研究》[J]，预测，2008，27（6）：73-76。

[19] 刘萍萍：《创业企业家人力资本与创业企业绩效关系研究》[J]，预测，2005，24（5）：53-57。

[20] 刘萍萍：《创业企业家的人力资本管理激励》[J]，西北农林科技大学学报，2006，6（4）：78-82。

[21] 刘小玲：《一种基于人际互动网络的隐性知识管理模式》[J]，科学学与科学技术管理，2003（10）：45-48。

[22] 卢纹岱：《SPSS for Windows 统计分析》[M]，电子工业出版社，2002。

[23] 马捷：《运用"出声思考法"获取企业专家决策过程中的隐性知识》[J]，情报科学，2007，25（6）：944-948。

[24] 马庆国：《管理统计》[M]，科学出版社，2002。

[25] 马伟群、姜艳萍、康壮：《知识管理中个体知识能力的一种模糊测评方法》[J]，东北大学学报（自然科学版），2004（7）。

[26] 毛蕴诗：《企业家与职业经理特征识别模型：经济转型期中国企业家与职业经理的识别例证》[J]，学术研究，2003（4）：9。

[27] 苗青、王重鸣：《企业家能力：理论、结构与实践》[J]，重庆大学学报（社会科学版），2002（1）：129-131。

[28] 缪小明、李淼：《科技型企业家人力资本与企业成长性研究》[J]，科学学与科学技术管理，2006（2）：126-131。

[29] 钱士茹、凌飞、顾敏：《企业家人力资本供给的机理——基于苏浙皖企业家调研的实证分析》[J]，华东经济管理，2007，21（1）：107-110。

[30] 唐可欣：《管理人员隐含知识量表TKIM的初步修订》[D]，硕士学位论文，西南师范大学，2004。

[31] 田运：《思维论》[M]，北京理工大学出版社，2000。

[32] 汪良军、杨蕙馨：《创业机会与企业家认知》[J]，经济管理，2004（15）：24-29。

[33] 王重鸣：《心理学研究方法》[M]，人民教育出版社，1990。

[34] 魏江、沈璞、樊培仁：《基于企业家网络的企业家学习过程模式剖析》[J]，浙江大学学报（人文社会科学版），2005（3）。

[35] 谢荷锋：《企业员工知识分享中的信任问题实证研究》

[D]，博士学位论文，浙江大学，2007。

[36] 殷国鹏、莫云生、陈禹：《利用社会网络分析促进隐性知识管理》[J]，清华大学学报（自然科学版），2006，46 (S1)：964-969。

[37] 郁婷：《企业家人力资本的形成途径及其制度安排》[J]，商业时代，2006 (34)：49-50。

[38] 张丹、孙媛媛、张琼：《我国企业家人力资本定价与激励方案设计》[J]，武汉化工学院学报，2006，28 (6)：1-4。

[39] 张焕勇、杨增雄：《企业异质性与企业家知识异质性的耦合性分析》[J]，财经问题研究，2006 (5)：32-36。

[40] 张庆普：《用隐性知识组装无形资产》[J]，企业管理，2002 (11)：74-76。

[41] 张旭明、王亚玲：《管理科学研究方法的研究》[J]，吉林工商学院学报，2008，24 (1)：51-54。

[42] 周晓宏、郭文静：《基于社会网络的隐性知识转移研究》[J]，中国科技论坛，2008 (12)：88-103。

[43] 朱必祥：《人力资本理论与方法》[M]，中国经济出版社，2005。

[44] Accountants, I. F. O. The Measurement and Management of Intellectual Capital [M]. New York, 1998.

[45] Acede, F. J. & Florin, J. Understanding the Risk Perception of Strategic Opportunities: A Tripartite Model [J]. Strategic Change, 2007, 16 (May): 97-116.

[46] Aiken, L. S. & West, S. G. Multiple Regression: Testing and Interpreting Interactions [M]. Sage: Thousand Oaks, CA, 1991.

[47] Aldrich, H. Organizations Evolving [M]. London: Sage, 1999.

[48] Aldrich, H. & Auster, E. Even Dwarfs Started Small: Liabilities of Age and Size and their Strategic Implication [J]. Research in Organizational Behavior, 1986 (8): 165-198.

[49] Allee, V. The Knowledge Evolution: Expanding Organizational Intelligence [M]. Boston: Butterworth-Heinemann, 1997.

[50] Allinson, C. W. & Chell, E. Intuition and Entrepreneurial Behaviour [J]. European Journal of Work and Organizational Psychology, 2000, 9 (1): 31-43.

[51] Allinson, C. W. & Hayes, J. The Cognitive Style Index: A Measure of Intuition - Analysis for Organizational Research [J]. Journal of Management Studies, 1996, 33 (1): 119-135.

[52] Alvarez, S. & Busenitz, L. The Entrepreneurship of Resource-Based Theory [J]. Journal of Management, 2001, 27 (6): 755-776.

[53] Amit, R. & Schoemaker, P. J. H. Strategic Assets and Organizational Rent [J]. Strategic Management Journal, 1993, 14 (1): 33-46.

[54] Armstrong, S. J. & Hird, A. Cognitive Style and Entrepreneurial Drive of New and Mature Business Owner-Managers [J]. Journal of Business & Psychology, 2009, 24 (4): 419-430.

[55] Arthur, J. B. Effects of Human Resource Systems On Manufacturing Performance and Turnover [J]. Academy of Man-

agement Journal, 1994, 37 (3): 670 - 687.

[56] Baker, S. Getting the Most From Your Intranet and Extranet Strategy [J]. The Journal of Business Strategy, 2000, 21 (4): 40 - 43.

[57] Barnes, J. Social Networks [M]. Phillippines: Addison - Wesley, 1972.

[58] Barney, J. B. Asset Stocks and Sustained Competitive Advantage: A Comment [J]. Management Science, 1989, 35 (12): 1511 - 1513.

[59] Barney, J. B. Strategic Factor Markets: Expectations, Luck and Business Strategy [J]. Management Science, 1986, 32 (10): 1231 - 1241.

[60] Barney, J. B. Firm Resource and Sustained Competitive Advantage [J]. Journal of Management, 1991, 17 (1): 99 - 120.

[61] Baron, R. A. Opportunity Recognition as Pattern Recognition: How Entrepreneurs Connect the Dots to Identify New Business Opportunities [J]. Academy of Management Perspectives, 2006, 20 (1): 104 - 119.

[62] Barro, R. J. Determinants of Economic Growth: A Cross - Country Empirical Study [D]. MA Thesis, Cambridge, 1997.

[63] Barro, R. J. Human Capital and Growth [J]. The American Economic Review, 2001, 91 (2): 12 - 17.

[64] Bassi, L. J. & McMurrer, D. P. Toward a Human Capital Measurement Methodology [J]. Advances in Developing Human Resources, 2008, 10 (6): 863 - 881.

[65] Bates, T. The Characteristics of Business Owners Data Base

[J]. Journal of Human Resources, 1990a, 25 (4): 752-756.

[66] Bates, T. Entrepreneur Human Capital Inputs and Small Business Longevity [J]. The Review of Economics and Statistics, 1990b, 72 (4): 551-559.

[67] Baumol, W. J. Entrepreneurship in Economic Theory [J]. American Economic Review, 1968, 58 (2): 64-71.

[68] Becherer, R. C. & Maurer, J. G. The Proactive Personality Disposition and Entrepreneurial Behavior among Small Company Presidents [J]. Journal of Small Business Management, 1999, 37 (1): 28-36.

[69] Becker, G. S. Human Capital: A Theoretical and Practical Analysis with Special Reference to Education [M]. Chicago: The University of Chicago Press, 1993a.

[70] Becker, G. S. Nobel Lecture: The Economic Way of Looking at Behavior [J]. Journal of Political Economy, 1993b, 101 (3): 385-409.

[71] Begley, T. M. & Boyd, D. P. Psychological Characteristics Associated with Performance in Entrepreneurial Firms and Smaller Business [J]. Journal of Business Venturing, 1987, 2 (1): 79-93.

[72] Beker, G. S. Human Capital: A Theoretical and Empirical Analysis [D]. Ph. D. Thesis, Columbia University, 1964.

[73] Bird, B. Implementing Entrepreneurial Ideas: The Case for Intention [J]. Academy of Management Review, 1988, 13 (3): 442.

[74] Birley, S. The Role of Networks in the Entrepreneurial

Process [J]. Journal of Business Venturing, 1985, 1 (1): 107 – 117.

[75] Bluck, S. & Glück, J. From the Inside Out: People's Implicit Theories of Wisdom [M]. New York: Cambridge University Press, 2005: 84 – 109.

[76] Boissevain, J. Friends of Friends: Networks, Manipulators, and Coalitions [M]. Oxford: Blackwell, 1974.

[77] Brennan, N. & Connell, B. Intellectual Capital: Current Issues and Policy Implications [J]. Journal of Intellectual Capital, 2000, 1 (3): 206.

[78] Brockhaus, R. H. Risk – Taking Propensity of Entrepreneurs [J]. Academy of Management Journal, 1980, 23 (3): 509 – 520.

[79] Browne, M. W. & Cudeck, R. Alternative Ways of Assessing Model Fit [M]. Newbury Park, CA: Sage, 1993: 136 – 162.

[80] Burt, R. S. Structural Holes: The Social Structure of Competition [M]. Cambridge, MA: Harvard University Press, 1992.

[81] Burt, R. S. A Cautionary Note [J]. Social Networks, 1986 (8): 205 – 211.

[82] Burt, R. S. Network Items and the General Social Survey [J]. Social Networks, 1984 (6): 293 – 339.

[83] Busenitz, L. W. Research On Entrepreneurial Alertness [J]. Journal of Small Business Management, 1996, 34 (4): 35 – 44.

[84] Busenitz, L. W. Entrepreneurial Risk and Strategic Decision Making: It's a Matter of Perspective [J]. Journal of Applied

Behavior Science, 1999, 35 (3): 325-340.

[85] Busenitz, L. W. & Barney, J. B. Differences Between Entrepreneurs and Managers in Large Organizations: Biases and Heuristics in Strategic Decision-Making [J]. Journal of Business Venturing, 1997, 12 (1): 9-30.

[86] Buttner, E. H. & Rosen, B. Bank Loan Officers'Perceptions of the Characteristics of Men, Women, and Successful Entrepreneurs [J]. Journal of Business Venturing, 1988, 3: 249-258.

[87] Camilo Hernan Mondragon, M. A. Entrepreneurship, Human Capital and Wealth [D]. Ph. D. Thesis, Georgetown University, 2007.

[88] Cantillon, R. Essay On the Nature of Commerce [M]. London: Macmillan, 1931.

[89] Carlucci, D., Marr, B. & Schiuma, G. The Knowledge Value Chain—How Intellectual Capital Impacts Business Performance [J]. International Journal of Technology Management, 2004, 27 (6/7).

[90] Carpenter, M. A., Sanders, W. G. & Gregersen, H. B. Bundling Human Capital with Organizational Context: The Impact of International Assignment Experience On Multinational Firm Performance and Ceo Pay [J]. Academy of Management Journal, 2001, 44 (3): 493-511.

[91] Casson, M. The Entrepreneur [M]. Totowa, New Jersey: Barnes & Noble Books, 1982.

[92] Castanias, R. P. & Helfat, C. E. The Managerial Rents Model: Theory and Empirical Analysis [J]. Journal of Manage-

ment, 2001, 27 (6): 661-678.

[93] Churchill, G. A. J. & Peter, J. P. Research Design Effects On the Reliability of Rating Scales: A Meta-Analysis [J]. Journal of Marketing Research, 1984, 21: 360-375.

[94] Cianciolo, A. T., Grigorenko, E. L. & Jarvin, L. et al. Practical Intelligence and Tacit Knowledge: Advancement in the Measurement of Developing Expertise [M]. New York: Springer Publishing Company, 2009: 119-144.

[95] Clayton, V. Erickson's Theory of Human Development as It Applies to the Aged: Wisdom as Contradictory Cognition [J]. Human Development, 1975 (18): 119-128.

[96] Cohen, M. D., Burkhart, R. & Dosi, G. et al. Routines and Other Recurring Action Patterns of Organizations: Contemporary Research Issues [J]. Industrial and Corporate Change, 1996, 5 (3): 653-698.

[97] Cohen, W. M. & Levinthal, D. A. Absorptive Capacity: A New Perspective On Learning and Innovation [J]. Administrative Science Quarterly, 1990 (35): 128-152.

[98] Coleman, J. Foundations of Social Theory [M]. Cambridge: Harvard University Press, 1990.

[99] Collins, O. & Moore, D. G. The Organization Maker: A Behavioral Study of Independent Entrepreneurs [M]. New York: Appleton-Century-Crofts, 1970.

[100] Colombo, M. G., Delmastro, M. & Grilli, L. Entrepreneur's Human Capital and the Start-Up Size of New Technology-Based Firms [J]. International Journal of Industrial Organiza-

tion, 2004, 22 (8 -9): 1183 -1211.
[101] Conner, K. R. A Historical Comparison of Resource - Based Theory and Five Schools of Thought within Industrial Organization Economics: Do we Have a New Theory of the Firm? [J]. Journal of Management, 1991, 17 (1): 121 -154.
[102] Cooper, A. C., Woo, C. Y. & Dunkelberg, W. C. Entrepreneurship and the Initial Size of Firms [J]. Journal of Business Venturing, 1989, 4 (5): 317 -332.
[103] Corbett, A. C. Recognizing High - Tech Opportunities: A Learning and Cognitive Approach [M]. MA: Babson College Press, 2002: 40 -60.
[104] Crant, J. M. & Bateman, T. S. Charismatic Leadership Viewed From Above: The Impact of Proactive Personality [J]. Journal of Organizational Behavior, 2000, 21 (1): 63 -75.
[105] Daily, C., Certo, T. & Dalton, D. International Experience in the Executive Suite: The Path to Prosperity? [J]. Strategic Management Journal, 2000, 21 (4): 515 -523.
[106] Davidsson, P. & Honig, B. The Role of Social and Human Capital Among Nascent Entrepreneurs [J]. Journal of Business Venturing, 2003, 18: 301 -331.
[107] De Carolis, D. M. & Saparito, P. Social Capital, Cognition, and Entrepreneurial Opportunities: A Theoretical Framework [J]. Entrepreneurship Theory and Practice, 2006 (1): 41 -56.
[108] Deakins, D. & Freel, M. Entrepreneurial Learning and Growth Process in Smes [J]. The Learning Organization, 1998, 5 (3): 144 -155.

[109] Delmar, F. The Psychology of the Entrepreneur [M]. Harlow: Financial Times, Prentice Hall, 2000.

[110] Dierickx, I. & Cool, K. Asset Stock Accumulation and Sustained Competitive Advantage [J]. Management Science, 1989, 35 (12): 1504 – 1513.

[111] Dimov, D. P. & Shepherd, D. A. Human Capital Theory and Venture Capital Firms: Exploring "Human Runs" and "Strike Outs" [J]. Journal of Business Venturing, 2005, 20: 1 – 21.

[112] Drucker, P. F. Innovation and Entrepreneurship: Practice and Principles [M]. New York: Harper & Row, 1985.

[113] Drucker, P. F. The New Productivity Challenge [J]. Harvard Business Review, 1991 (11 – 12): 69 – 79.

[114] Dubini, P. & Aldrich, H. Personal and Extended Networks are Central to the Entrepreneurship Process [J]. Journal of Business Venturing, 1991, 6 (5): 305 – 313.

[115] Dyke, L. S., Fischer, E. M. & Reuber, A. R. An Inter – Industry Examination of the Impact of Owner Experience On Firm Performance [J]. Journal of Small Business Management, 1992, 30 (4): 72 – 87.

[116] Fairlie, R. W. Drug Dealing and Legitimate Self – Employment [J]. Journal of Labor Economics, 2002, 20 (3): 538 – 567.

[117] Fazio, R. H., Powell, M. C. & Herr, P. M. Toward a Process Model of the Attitude – Behavior Relation: Accessing One's Attitude upon Mere Observation of the Attitude Object [J]. Journal of Personality and Social Psychology,

1983, 44 (4): 723 - 735.

[118] Fiske, S. T. & Taylor, S. E. Social Cognition [M]. Singapore: McGraw - Hill, 1991.

[119] Forlani, D. & Mullins, J. W. Perceived Risks and Choices in Entrepreneurs'New Venture Decisions [J]. Journal of Business Venturing, 2000, 15 (4): 305 - 322.

[120] Frese, M., Stewart, J. & Hannover, B. Goal Orientation and Plantfulness: Action Styles as Personality Concepts [J]. Journal of Personality and Social Psychology, 1987, 24 (6): 1182 - 1194.

[121] Gaglio, C. M. & Katz, J. A. The Psychological Basis of Opportunity Identification - Entrepreneurial Alertnes [J]. Small Business Economics, 2001, 16 (2): 95.

[122] Garavan, T. N. & O'Cinneide, B. Entrepreneurial Education and Training Programmes [J]. Journal of European Industrial Training, 1994, 18 (8): 3 - 12.

[123] Gartner, W. B., Bird, B. & Starr, J. Acting as If: Differentiating Entrepreneurial From Organizational Behavior [J]. Entrepreneurship Theory and Practice, 1992, 16 (3): 13 - 31.

[124] Gibb, A. A. Entrepreneurship and Small Business Management: Can we Afford to Neglect them in the Twenty - First Century Business School? [J]. British Journal of Management, 1996, 7 (4): 309 - 324.

[125] Gibb, A. A. Enterprise Culture and Education: Understanding Enterprise Education and its Links with Small Business Entrepreneurships and Wider Educational Goals [J]. Interna-

tional Small Business Journal, 1993, 11 (3): 11-34.

[126] Gilad, B., Kaish, S. & Ronen, J. Information, Search and Entrepreneurship: A Pilot Study [J]. Journal of Behavioral Economics, 1989 (18): 217-235.

[127] Granovetter, M. Economic Action and Social Structure: A Theory of Embeddedness [J]. American Journal of Sociology, 1985, 91 (3): 481-510.

[128] Granovetter, M. The Strength of Weak Ties [J]. American Journal of Sociology, 1973, 78 (6): 1360-1380.

[129] Grant, J. M. Proactive Behavior in Organizations [J]. Journal of Management, 2000, 26 (3): 435-462.

[130] Hambrick, D. C. & Mason, P. A. Upper Echelons: The Organization as a Reflection of its Top Managers [J]. Academy of Management Review, 1984, 9 (2): 193-206.

[131] Hansen, M. T., Nohria, N. & Tierney, T. What's Your Strategy for Managing Knowledge [J]. Harvard Business Review, 1999 (3-4): 106-116.

[132] Hasher, L. & Zacks, R. T. Automatic and Effortful Processes in Memory [J]. Journal of Experimental Psychology: General, 1979, 108 (3): 356-388.

[133] Hatch, N. W. & Dyer, J. H. Human Capital and Learning as a Source of Sustainable Competitive Advantage [J]. Strategic Management Journal, 2004 (25): 1155-1178.

[134] Hatsopoulos, N. G., The Role of Tacit Knowledge in Management [M]. Mahwah, NJ: Lawrence Erlbaum Associates, 1999: 141-152.

[135] Hedlund, J. & Sternberg, R. J. Too Many Intelligences?[M]. San Francisco: Jossey - Bass, 2000: 136 - 167.

[136] Henderson, R. & Cockburn, I. Measuring Competence? Exploring Firm Effects in Pharmaceutical Research [J]. Strategic Management Journal, 1994, 15 (winter): 63 - 84.

[137] Henry, C. & Leitch, F. H. A. C. Entrepreneurship Education and Training: Can Entrepreneurship be Taught? [J]. Education + Training, 2005, 47 (2): 98 - 111.

[138] Hillerbrand, E. Cognitive Differences Between Experts and Novices: Implications for Group Supervision [J]. Journal of Counseling and Development, 1989, 67 (5): 293 - 296.

[139] Hitt, M. A. & Ireland, R. D. Corporate Distinctive Competence, Strategy Industry, and Performance [J]. Strategic Management Journal, 1985, 6 (3): 273 - 293.

[140] Hudson, R. J. & McArthur, A. Contracting Strategies in Entrepreneurial and Established Firms [J]. Entrepreneurship Theory and Practice, 1994, 18 (4): 43 - 59.

[141] Huselid, M. A. , Jackson, S. E. & Schuler, R. S. Technical and Strategic Human Resource Management Effectiveness as Determinants of Firm Performance [J]. Academy of Management Journal, 1997, 40 (1): 171 - 188.

[142] Ibrahim, A. B. & Soufani, K. Entrepreneurship Education and Training in Canada: A Critical Assessment [J]. Education Training, 2002, 44 (8/9): 421 - 430.

[143] Itami, H. & Roehl, T. W. Mobilizing Invisible Assets [M]. Cambridge, Massachusetts and London, England: Harvard U-

niversity Press, 1987.

[144] Iyigun, M. & Owen, A. Risk, Entrepreneurship and Human Capital Accumulation [J]. American Economic Review, 1998, 88 (2): 454 -457.

[145] Johannisson, B. Economics of Overview - Guiding the External Growth of Small Firms [J]. International Small Business Journal, 1990 (9): 32 - 44.

[146] Joshi, M. P. An Examination of Autonomy as a Dimension of Entrepreneurial Orientaiton [M]: George Mason University, 2008.

[147] Kahneman, D. & Lovallo, D. Timid Choices and Bold Forecasts: A Cognitive Perspective On Risk - Taking [J]. Management Science, 1993, 39 (1): 17 -31.

[148] Kaish, S. & Gilad, B. Characteristics of Opportunities Search of Entrepreneurs Versus Executives: Sources, Interests, General Alertness [J]. Journal of Business Venturing, 1991, 6 (1): 45 -61.

[149] Kanter, J. Knowledge Management, Practically Speaking [J]. Information Systems Management, 1999, 16 (4): 7 -15.

[150] Kanter, R. M. The Change Masters - Innovation and Entrepreneurship in the American Corporation [M]. New York: Simon & Schuster, 1983: 411 -412.

[151] Katz, J. & Gartner, W. B. Properties of Emerging Organizations [J]. Academy of Management Review, 1988, 13 (3): 429 -441.

[152] Keeley, R. H. & Roure, J. B. Management, Strategy, and

Industry Structure as Influences On the Success of New Firms: A Structural Model [J]. Management Science, 1990, 36 (10): 1256 -1267.

[153] Kirby, D. A. Entrepreneurship Education: Can Business School Meet the Challenge? [J]. Education Training, 2004, 46 (8/9): 510 -519.

[154] Kirzner, I. M. Perception, Opportunity and Profit [M]. Chicago and London: The University of Chicago Press, 1979: 92.

[155] Kirzner, I. M. Discovery and the Capitalist Process [M]. Chicago&London: The University of Chicago Press, 1985: 7, 84.

[156] Kirzner, I. M. Entrepreneurial Discovery and the Competitive Market Process: An Austrian Aprroach [J]. Journal of Economic Literature, 1997, 35 (1): 60 -85.

[157] Knight, F. H. Risk, Uncertainty and Profit [M]. New York: Augustus M. Kelley, 1964: 264 -312.

[158] Ko, S. & Bulter, J. E. Alertness, Bisociative Thinking Ability, and Discovery of Entrepreneurial Opportunities in Asian Hi – Tech Firms. http://www.babson.edu/entrep/fer/BABSON2003/XVI/XVI – PE/XVI – P3.html.

[159] Kogut, B. & Zander, U. Knowledge of the Firm and the Evolutionary Theory of the Multinational Corporation [J]. Journal of International Business Studies, 2003, 34 (6): 516 -529.

[160] Kolvereid, L. & Bullvag, E. Novices Versus Experienced Busi-

ness Founders: An Exploratory Investigation [M]. Amsterdam, The Netherland: Elsevier Science Publisher, 1993: 275-285.

[161] Kuhl, J. A Theory of Self-Regulation: Action Versus State Orientation, Self-Discrimination and some Applications [J]. Applied Psychology: An International Review, 1992, 41 (2): 97-129.

[162] Kuratko, D. F., Hornsby, J. S. & Naffziger, D. W. An Examination of Owner's Goals in Sustaining Entrepreneurship [J]. Journal of Small Business Management, 1997, 35 (January): 24-33.

[163] Larson, A. & Starr, J. A. A Network Model of Organization Formation [J]. Entrepreneurship Theory and Practice, 1993, 17 (2): 5-15.

[164] Laumann, E. O., Galskeiwicz, L. & Marsden, P. V. Community Structure as Interorganizational Linkages [J]. Annual Review of Sociology, 1978 (4): 455-484.

[165] Leonidou, L. C. An Analysis of the Barriers Hindering Small Business Export Development [J]. Journal of Small Business Management, 2004, 42 (3): 279-302.

[166] Leonidou, L. C., Katsikeas, C. S. & Piercy, N. F. Identifying Managerial Influences On Exporting: Past Research and Future Directions [J]. Journal of International Marketing, 1998, 6 (2): 74-102.

[167] Li, H. & Zhang, Y. The Role of Managers' Political Networking and Functional Experience in New Venture Perform-

ance: Evidence From China's Transition Economy [J]. Strategic Management Journal, 2007, 28: 791 - 804.

[168] Lorrain, J. & Dussault, L. Relation Between Psychological Characteristics, Administrative Behaviors and Success of Founder Entrepreneurs at the Start - Up Stage [M]. MA: Babson College Press, 1988: 150 - 164.

[169] Low, M. B. & MacMillan, I. C. Entrepreneurship: Past Research and Future Challenges [J]. Journal of Management, 1988, 14 (2): 139 - 161.

[170] Lubit, R. Tacit Knowledge and Knowledge Management: The Keys to Sustainable Competitive Advantage [J]. Organizational Dynamics, 2001, 29 (4): 164 - 178.

[171] Lumpkin, G. T. & Dess, G. G. Clarifying the Entrepreneurial Orientation Construct and Linking It to Performance [J]. 1996, 1996, 21 (1): 135 - 172.

[172] Lyon, D. W. & Lumpkin, G. T. Enhancing Entrepreneurial Orientation Research: Operationalizing and Measuring a Key Strategic Decision Making Process [J]. Journal of Management, 2000, 2 (5): 1055 - 1085.

[173] Macduffie, J. P. Human Resource Bundles and Manufacturing Performance: Organizational Logic and Flexible Production Systems in the World Auto Industry [J]. Industrial and Labor Relations Review, 1995, 48 (2): 197 - 221.

[174] MacMillan, I. C. To Really Learn About Entrepreneurship: Let's Study Habitual Entrepreneurs [J]. Journal of Business Venturing, 1986, 1 (3): 241 - 243.

[175] Mancuso, J. R. The Entrepreneurs'Quiz [M]. Englewood, N. J.: Prentice-Hall, Inc., 1975.

[176] Marcati, A., Guido, G. & Peluso, A. M. The Role of Sme Entrepreneurs' Innovativeness and Personality in the Adoption of Innovations [J]. Research Policy, 2008, 37: 1579-1590.

[177] Markman, G. D. & Baron, R. A. Person-Entrepreneurship Fit: Why some People are More Successful as Entrepreneurs than Others [J]. Human Resource Management Review, 2003, 13 (2): 281-301.

[178] Marr, B. Measuring and Benchmarking Intellectual Capital [J]. Benchmarking An International Journal, 2004, 11 (6): 559-570.

[179] Marr, B., Schiuma, G. & Neely, A. Assessing Strategic Knowledge Assets in E-Business [J]. International Journal of Business Performance Management, 2002, 4 (2/3/4): 279-295.

[180] Matthew, C. T., Ciancialo, A. T. & Sternberg, R. J. Develop Effective Military Leaders: Facilitating the Acquisition of Experience-Based Tacit Knowledge [M]: Yale University, 2005.

[181] McClelland, D. C. Power the Inner Experience [M]. New York: Irving, 1975.

[182] McCllelland, D. C. The Achieving Society [M]. Princeton, New Jersey: D. Van Nostrand Company, 1961.

[183] McGaffey, T. N. & Christy, R. Information Processing Capabil-

ity as a Predictor of Entrepreneurial Effectiveness [J]. Academy of Management Journal, 1975, 18 (4): 857 - 863.

[184] McGrath, R. G. Falling Forward: Real Options Reasoning and Entrepreneurial Failure [J]. Academy of Management Review, 1999, 24 (1): 13 - 30.

[185] Meyer, H. H., Walker, W. B. & Litwin, G. H. Motive Patterns and Risk Preferences Associated with Entrepreneurship [J]. Journal of Abnormal and Social Psychology, 1961, 63: 570 - 574.

[186] Mill, J. S. Principles of Political Economy [M]. Clifton, New Jersey: Augustus M. Kelley, 1874.

[187] Mill, J. S. Principles of Political Economy with some of Their Applications to Social Philosophy [M]. New York: Oxford University Press, 1848.

[188] Miller, S. M. Monitoring and Blunting of Threatening Information: Cognitive Interference and Facilitation in the Coping Process [M]. Mahwah, NJ: Lawrence Erlbaum Associate Publishers, 1996: 175 - 190.

[189] Minniti, M. & Bygrave, W. A Dynamic Model of Entrepreneurial Learning [J]. Entrepreneurship Theory and Practice, 2001, 25 (3): 5 - 16.

[190] Mitchell, J. The Concept and Use of Social Network [M]. Manchester: Manchester University Press, 1969: 1 - 50.

[191] Mitchell, R. K., Busenitz, L. & Lant, T. et al. Toward a Theory of Entrepreneurial Cognition: Rethinking the People Side of Entrepreneurship Research [J]. Entrepreneurship

Theory and Practice, 2002, 27 (2): 93 - 104.
[192] Moskowitz, T. J. & Vissing - Jørgensen, A. The Returns to Entrepreneurial Investment: A Private Equity Premium Puzzle? [J]. American Economic Review, 2002, 92 (4): 745 - 778.
[193] Nadler, D. A., Gerstein, M. S. & Shaw, R. B. Organizational Architecture: Designs for Changing Organizations [M]. San Francisco: Jossey - Bass, 1992.
[194] Nonaka, I. A Dynamic Theory of Organizational Knowledge Creation [J]. Organization Science, 1994, 5 (1): 14 - 37.
[195] Nonaka, I. & Takeuchi, H. The Knowledge - Creating Company [M]. New York: Oxford University Press, 1995.
[196] Novak, M. & Bojnec, S. Human Capital and Economic Growth by Municipalities in Slovenia [J]. Managing Global Transitions, 2005, 3 (2): 157 - 177.
[197] Nunnally, J. C. Psychometrics Methods [M]. NY: McGraw - Hill Company, 1978.
[198] Otani, K. A Human Capital Approach to Entrepreneurial Capacity [J]. Economica, 1996, 63 (250): 273 - 289.
[199] Øyhus, A. O. The Entrepreneurial Self - Image: Lonely Rider Or Social Team Player? Comparing Entrepreneurs in Tanzania and Indonesia [J]. Journal of Entrepreneurship, 2003, 12 (3): 201 - 223.
[200] Penrose, E. The Theory of the Growth of the Firm [M]. New York: Oxford University Press, 1995.
[201] Peteraf, M. A. The Cornerstones of Competitive Advantage:

A Resource Based View [J]. Strategic Management Journal, 1993, 14 (3): 179 - 191.

[202] Polanyi, M. The Tacit Dimension [M]. London: Routledge and Kegan Paul, 1966.

[203] Polanyi, M. Personal Knowledge: Towards a Post - Critical Philosophy [M]. Chicago: the University of Chicago Press, 1958.

[204] Polanyi, M. The Tacit Dimension [M]. Gloucester, MASS: Peter Smith, 1983.

[205] Politis, D. The Process of Entrepreneurial Learning: A Conceptual Framework [J]. Entrepreneurship Theory and Practice, 2005, 29 (4): 399 - 424.

[206] Pool, I. & Kochen, M. Contacts and Influences [J]. Social Networks, 1978 (1): 5 - 51.

[207] Powell, W. W. Neither Market nor Hierarchy: Network Forms or Organization [J]. Research in Organizational Behavior, 1990, 12: 295 - 336.

[208] Prahalad, C. K. & Hamel, G. The Core Competence of the Corporation [J]. Harvard Business Review, 1990, 68 (3): 79 - 93.

[209] Reber, A. S. Implicit Learning and Tacit Knowledge [M]. Oxford: Oxford University Press, 1993.

[210] Reber, A. S. More Thoughts on the Unconscious: Reply to Brody and to Lewicki and Hill [J]. Journal of Experimental Psychology, 1989a, 118 (3): 242 - 244.

[211] Reber, A. S. Implicit Learning of Artificial Grammers [J].

Journal of Verbal Learning and Verbal Behavior, 1967, 6: 855 – 863.

[212] Reber, A. S. Transfer of Syntactic Structure in Synthetic Language [J]. Journal of Experimental Psychology, 1969, 81 (1): 115 – 119.

[213] Reber, A. S. Implicit Learning and Tacit Knowledge [J]. Journal of Experimental Psychology: General, 1989b, 118 (3): 219 – 235.

[214] Reber, A. S., Walkenfeld, F. F. & Hernstadt, R. Impliciti and Explicit Learning: Individual Differences and Iq [J]. Journal of Experimental Psychology: Learning, Memory, and Cognition, 1991, 17 (5): 888 – 896.

[215] Reed, S. K. Cognition: Theory and Applications [M]. Belmont, CA: Wadsworth/Thomson Learning, 2004.

[216] Reuber, R. A. & Fischer, E. M. The Learning Experiences of Entrepreneurs [M]. MA: Babson College Press, 1993: 234 – 245.

[217] Richards, D. & Busch, P. A. Measuring, Formalising and Modelling Tacit Knowledge [M], 2000.

[218] Robert H Brockhaus, S. Risk Taking Propensity of Entrepreneurs [J]. Academy of Management Journal, 1980, 23 (3): 509 – 520.

[219] Robinson, P. B., Stimpson, D. V. & Huefner, J. C. et al. An Attitude Approach to the Prediction of Entrepreneurship [J]. entrepreneurship theory and practice, 1991, summer: 13 – 31.

[220] Romanelli, E. & Schoonhoven, K. The Local Origins of New Firms [M]. Stanford, CA: Stanford University Press, 2001: 40 -67.

[221] Ronstadt, R. The Corridor Principle [J]. Journal of Business Venturing, 1988, 3 (1): 31 -40.

[222] Rumelt, R. Toward a Strategic Theory of the Firm [M]. Englewood Cliffs: NJ: Prentice - Hall, 1984: 556 -570.

[223] Rynning, M. & Andersen, O. Structural and Behavioural Predictors of Export Adoption: A Norwegian Study [J]. Journal of International Marketing, 1993, 2 (1): 73 -89.

[224] Sarasvathy, S. D. Causation and Effectuation: Toward a Theoretical Shift From Economic Inevitability to Entrepreneurial Contingency [J]. Academy of Management Review, 2001, 26 (2): 243 -263.

[225] Say, J. A Treatise On Political Economy [M]. New York: Augustus M. Kelley, 1803.

[226] Scase, R. & Goffee, R. The Entrepreneurial Middle Class [M]. London&Canberra: Croom Helm, 1982: 188.

[227] Schumpeter, J. A. The Theory of Economic Development [M]. Boston: Harvard University Press, 1934.

[228] Schutz, A. & Luckmann, T. The Structures of the Life - World [M]. Eanston: Northwestern University Press, 1973.

[229] Scribner, S. Thinking in Action: Some Characteristics of Practical Thought [M]. Cambridge: Cambridge University Press, 1986: 13 -30.

[230] Seetharaman, A., Low, L. & Saravanan, A. Comparative

Justification on Intellectual Capital [J]. Journal of Intellectual Capital, 2004, 5 (4): 522 - 539.

[231] Seibert, K. W., Hall, D. T. & Kram, K. E. Strengthening the Weak Link in Strategic Executive Development: Integrating Individual Development and Global Business Strategy [J]. Human Resource Planning, 1995, 34 (4): 549 - 567.

[232] Shane, S. A General Theory of Entrepreneurship: The Individual - Opportunity Nexus [M]. Cheltenham, U. K.: Edward Elgar, 2003.

[233] Shane, S. & Khurana, R. Bringing Individuals Back in: The Effects of Career Experience On New Firm Founding [J]. Industrial and Corporate Change, 2003, 12 (3): 519 - 543.

[234] Shane, S. & Venkataraman, S. The Promise of Entrepreneurship as a Field of Research [J]. Academy of Management Review, 2000, 25 (1): 217 - 226.

[235] Sharma, D. & Gur - Arie. Identification and Analysis of Moderator Variables [J]. Journal of Marketing Research, 1981, 18: 291 - 300.

[236] Shepherd, D. A., Douglas, E. J. & Shanley, M. New Venture Survival: Ignorance, External Shocks, and Risk Reduction Strategies [J]. Journal of Business Venturing, 2000, 15 (5/6): 393 - 410.

[237] Simon, H. A. Administrative Behavior [M]. New York: Free Press, 1976.

[238] Sitkin, S. B. & Pablo, A. L. Reconceptualizing the Determinants of Risk Behavior [J]. Academy of Management Re-

view, 1992, 17 (1): 9 – 38.

[239] Sloan, K. Managers' Experiential Learning: An Examination of the Relationship between Personality and Tacit Knowledge [D]. Ph. D. Thesis, George Washington University, 2004.

[240] Spender, J. C. Competitive Advantage From Tacit Knowledge [J]. Academy of Management Proceedings, 1993, 9 (2).

[241] Starr, J. A. & Bygrave, W. D. The Second Time Around: The Outcomes, Assets, and Liabilities of Prior Start – Up Experience [M]. Amsterdam, The Netherlands: North Holland, 1992.

[242] Starr, J. A., Bygrave, W. D. & Tercanli, D. Does Experience Pay? Methodological Issues in the Study of Entrepreneurial Experience [M]. Amsterdam, The Netherlands: Elsevier Science Publisher, 1993: 125 – 155.

[243] Sternberg, R. J. Implicit Theories of Intelligence, Creativity, and Wisdom [J]. Journal of Personality and Social Psychology, 1985 (49): 607 – 627.

[244] Sternberg, R. J. Intelligence Applied [M]. Orlando: Harcourt Brace Jovanovich, 1986.

[245] Sternberg, R. J. & Caruso, D. R. Practical Modes of Knowing [M]. Chicago: University of Chicago Press, 1985.

[246] Sternberg, R. J. & Grigorenko, E. L. Practical Intelligence and its Development [M]. San Francisco: Jossey – Bass, 2000: 215 – 243.

[247] Sternberg, R. J. & Grigorenko, E. L. Teaching for Successful Intelligence [M]. Thansand Oaks: Corwin Press, 2007.

[248] Sternberg, R. J. & Hedlund, J. Practical Intelligence and Work Psychology [J]. Human Performance, 2002, 15 (1/2): 143-160.

[249] Sternberg, R. J. & Horvath, J. A. Tacit Knowledge in Professional Practice [M]. Mahwah, New Jersey: Lawrence Erlbaum Associates, 1999.

[250] Sternberg, R. J. & Jordan, J. A Handbook of Wisdom [M]. New York: Cambridge University Press, 2005.

[251] Sternberg, R. J. & Wagner, R. K. Practical Intelligence: Nature and Origins of Competence in the Everyday World [M]. Cambridge: Cambridge University Press, 1986.

[252] Stewart, W. H. J. & Roth, P. L. A Meta-Analysis of Achievement Motivation Differences between Entrepreneurs and Managers [J]. Journal of Small Business Management, 2007, 45 (4): 401-421.

[253] Stewart, W. H. J. & Roth, P. L. Risk Propensity Differences between Entrepreneurs and Managers Meta-Analytic Review [J]. Journal of applied psychology, 2001, 86 (1): 145-153.

[254] Stinchcombe, A. Social Structure and Organizations [M]. Chicago, IL: Rand McNally, 1965: 142-193.

[255] Sturman, M. C., Walsh, K. & Cheramie, R. A. The Value of Human Capital Specificity Versus Transferability [J]. Journal of Management, 2008, 34 (2): 290-316.

[256] Sullivan, R. Entrepreneurial Learning and Mentoring [J]. International Journal of Entrepreneurial Behaviour & Re-

search, 2000, 6 (3): 160 - 175.

[257] Timmons, J. A. The Entrepreneurial Mind [M]. Andover: Brick House Publishing, 1989.

[258] Timmons, J. A., Muzyka, D. F. & Stevenson, H. M. et al. Opportunity Recognition: The Core of Entrepreneurship [M]. MA: Babson College, 1987: 42 - 49.

[259] Tomer, J. Organizational Capital: The Path to Higher Productivity and Well - Being [M]. New York: Praeger, 1987.

[260] Toole, A. A. & Czarnitzki, D. Exploring the Relationship Between Scientist Human Capital and Firm Performance: The Case of Biomedical Academic Entrepreneurs in the Sbir Program [J]. Management Science, 2009, 55 (1): 101 - 114.

[261] Tushman, M. L. & Anderson, P. Technological Discontinuities and Organizational Environments [J]. Administrative Science Quarterly, 1986, 31: 439 - 465.

[262] Ucbasaran, D., Westhead, P. & Wright, M. Opportunity Identification and Pursuit: Does an Entrepreneur's Human Capital Matter? [J]. Small Business Economics, 2008, 30 (2): 153 - 173.

[263] Utsch, A., Rauch, A. & Rothfub, R. et al. Who Becomes a Small Scale Entrepreneur in a Post - Socialist Environment on the Differences Between Entrepreneurs and Managers in East Germany [J]. Journal of small business management, 1999, 37 (3): 31 - 42.

[264] Van de Ven, A. H., Hudson, R. & Schroeder, D. M. Designing New Business Startups: Entrepreneurial, Organizational,

and Ecological Considerations [J]. Journal of Management, 1984, 10 (1): 87-107.

[265] Vecchio, R. P. Entrepreneurship and Leadership: Common Trends and Common Threads [J]. Human Resource Management Review, 2003, 13 (2): 303-327.

[266] Venkataraman, S. The Distinctive Domain of Entrepreneurship Research: An Editor'S Perspective [M]. Greenwich, CT: JAI Press, 1997.

[267] Von Hayek, F. A. Economics and Knowledge [J]. Economica, New Series, 1937, 4 (3): 33-54.

[268] Von Krogh, G., Boos, J. & Slocum, K. An Essay On Corporate Epistemology [J]. Stragegic Management Journal, 1994, 15: 53-71.

[269] Von Krogh, G., Ichijo, K. & Nonaka, I. Enabling Knowledge Creation [M]. New York: Oxford University Press, 2000.

[270] Wagner, R. K. Tacit Knowledge in Everyday Intelligent Behavior [J]. Journal of Personality and Social Psychology, 1987, 52 (6): 1236-1247.

[271] Wagner, R. K. & Sternberg, R. J. Tacit Knowledge and Intelligence in the Everyday World [M]. Cambridge: Cambridge University Press, 1986: 51-83.

[272] Wagner, R. K. & Sternberg, R. J. Practical Intelligence in Real World Pursuits [J]. Journal of Peraonalily and Social Psychology, 1985, 49 (2): 436-458.

[273] Weick, K. E. Drop Your Tools: An Allegory for Organiza-

tional Studies [J]. Administrative Science Quarterly, 1996, 41 (2): 301-314.

[274] Wernerfelt, B. A Resource - Base View of the Firm [J]. Strategic Management Journal, 1984, 5 (2): 171-180.

[275] Wiklund, J. & Shepherd, D. Knowledge - Based Resources, Entrepreneurial Orientation, and the Performance of Small and Medium - Sized Businesses [J]. Strategic Management Journal, 2003, 24 (13): 1307-1314.

[276] Wouter, S. & Tom, E. Entrepreneurial Orientation and New Venture Performance: The Moderating Role of Intra - And Extraindustry Social Capital [J]. The Academy of Management Journal, 2008, 51 (1): 97-111.

[277] Wright, M., Robbie, K. & Ennew, C. Serial Entrepreneurs [J]. British Journal of Management, 1997, 8 (3): 251-268.

[278] Yli - Renko, H., Autio, E. & Sapienza, H. J. Social Capital, Knowledge Acquisition, and Knowledge Exploitation in Young Technology - Based Firms [J]. Strategic Management Journal, 2001, 22 (6/7): 587-613.

[279] Young, J. E. & Sexton, D. L. What Makes Entrepreneurs Learn and How Do they Do It [J]. Journal of Entrepreneurship, 2003, 12 (2): 155-182.

[280] Zhao, L. M. & Aram, J. D. Networking and Growth of Yong Technology - Intensive Ventures in China [J]. Journal of Business Venturing, 1995 (10): 349-370.

附录 调研问卷

尊敬的 _ _ _ _ _ _ _ _ _ 先生/女士：

您好！

非常感谢您能够参与到此次调研中来！此次调查是为了更好地了解企业家精神教育。我们很感谢您愿意花费时间回答调查的问题，此数据只做研究之用，调查结果中不会出现任何私人、公司信息，我们承诺你的回答将受到严格的保密。

如果您有任何疑问，请拨打我的电话×××××××××××。感谢您的慷慨帮助！

___省 ___市/县 ___区 ___乡/镇 ___公司 填表日期：_____ 问卷编码：_____

您的基本信息		此列填写您的答案
性别	1 男　2 女	
年龄	1. 25 岁及以下　2. 26~35 岁　3. 36~45 岁　4. 46~55 岁　5. 56 岁及以上	
学历	1 小学及以下　2 小学　3 初中　4 高中　5 专科　6 本科　7 硕士　8 博士　9 其他	
在公司的职位是	1 企业主/大股东　2 董事长　3 总裁（CEO）　4 总经理　5 其他重要的高层决策者　6 中层管理人员　7 基层管理人员　8 其他	
您符合所列的哪种身份？	1. 非人大代表或政协委员　2. 区级人大代表或政协委员　3. 县级人大代表或政协委员　4. 市级人大代表或政协委员　5. 省级人大代表或政协委员　6. 全国人大代表或政协委员	
公司属于什么行业？	1 高科技　2 传统制造　3 建筑/房产　4 商贸/服务　5 其他	
公司主要业务经营所在地？	1 长三角地区　2 京津冀地区　3 珠三角地区　4 中西部地区　5 东北地区	
公司的年龄是	1（5 年及以下）　2（6~10 年）　3（11~15 年）　4（16~20 年）　5（20 年以上）	
公司的规模（人）	1（50 人以下）　2（51~100 人）　3（101~500 人）　4（501~1000 人）　5（1000 人以上）	
公司的类型是	1 民营企业　2 三资企业　3 其他	
公司所处的阶段为	1 初创期　2 成长期　3 成熟期　4 衰退期　5 再生期	

续表

		您的答案
您同意以下说法吗?		
我家庭的经济收入状况非常好	1 非常不同意　2 不太同意　3 一般　4 比较同意　5 非常同意	
我从学校学习中获得的知识很多	1 非常不同意　2 不太同意　3 一般　4 比较同意　5 非常同意	
我从各种培训中获得的知识很多	1 非常不同意　2 不太同意　3 一般　4 比较同意　5 非常同意	
我从书籍、杂志与报纸中学到的知识很多	1 非常不同意　2 不太同意　3 一般　4 比较同意　5 非常同意	
我通过上网学到的知识很多	1 非常不同意　2 不太同意　3 一般　4 比较同意　5 非常同意	
知识获取		
我从供应商那里学习到很多知识	1 非常不同意　2 不太同意　3 一般　4 比较同意　5 非常同意	
我从制造商那里学习到很多知识	1 非常不同意　2 不太同意　3 一般　4 比较同意　5 非常同意	
我从分销商/零售商那里学习到很多知识	1 非常不同意　2 不太同意　3 一般　4 比较同意　5 非常同意	
我从会计专业人员那里学习到很多知识	1 非常不同意　2 不太同意　3 一般　4 比较同意　5 非常同意	
我从金融机构那里学习到很多知识	1 非常不同意　2 不太同意　3 一般　4 比较同意　5 非常同意	
我从法律机构那里学习到很多知识	1 非常不同意　2 不太同意　3 一般　4 比较同意　5 非常同意	
我从保险机构那里学习到很多知识	1 非常不同意　2 不太同意　3 一般　4 比较同意　5 非常同意	
创业从业经验		
我担任高层管理者职位这样的经历让我获得很多知识	1 非常不同意　2 不太同意　3 一般　4 比较同意　5 非常同意	
我从事本行业的经历让我获得很多知识	1 非常不同意　2 不太同意　3 一般　4 比较同意　5 非常同意	
我参加工作以来的所有经历让我获得很多知识	1 非常不同意　2 不太同意　3 一般　4 比较同意　5 非常同意	
我的创业经历让我获得很多知识	1 非常不同意　2 不太同意　3 一般　4 比较同意　5 非常同意	

续表

管理他人任务					
我对自己的评价很高	1 非常不同意	2 不太同意	3 一般	4 比较同意	5 非常同意
我对自己很满意	1 非常不同意	2 不太同意	3 一般	4 比较同意	5 非常同意
我自己有很丰富的常识	1 非常不同意	2 不太同意	3 一般	4 比较同意	5 非常同意
我自己的学术能力很强	1 非常不同意	2 不太同意	3 一般	4 比较同意	5 非常同意
我自己的创新能力很强	1 非常不同意	2 不太同意	3 一般	4 比较同意	5 非常同意
我独立工作的能力很强	1 非常不同意	2 不太同意	3 一般	4 比较同意	5 非常同意
我和其他同事的关系很好	1 非常不同意	2 不太同意	3 一般	4 比较同意	5 非常同意
我和其他人一起工作很愉快	1 非常不同意	2 不太同意	3 一般	4 比较同意	5 非常同意
我和同事在工作上互相帮助	1 非常不同意	2 不太同意	3 一般	4 比较同意	5 非常同意
我对工作很负责任	1 非常不同意	2 不太同意	3 一般	4 比较同意	5 非常同意
管理自我					
我做任何事情倾向于依靠自己，自力更生	1 非常不同意	2 不太同意	3 一般	4 比较同意	5 非常同意
我是个非常独立的人	1 非常不同意	2 不太同意	3 一般	4 比较同意	5 非常同意
我做事情有高度的自控能力	1 非常不同意	2 不太同意	3 一般	4 比较同意	5 非常同意
创新					
一般而言，我是同行中最后一个采用创新的	1 非常不同意	2 不太同意	3 一般	4 比较同意	5 非常同意
和同行相比，我拥有很少的创新	1 非常不同意	2 不太同意	3 一般	4 比较同意	5 非常同意
一般而言，我是同行中最后一个知道最新创新内容的	1 非常不同意	2 不太同意	3 一般	4 比较同意	5 非常同意
我先于他人知道创新的内容	1 非常不同意	2 不太同意	3 一般	4 比较同意	5 非常同意

续表

风险观念					
我愿意经营那些有风险的业务	1 非常不同意	2 不大同意	3 一般	4 比较同意	5 非常同意
在决策过程中,我总是倾向于高风险的项目,以期获得高回报	1 非常不同意	2 不大同意	3 一般	4 比较同意	5 非常同意
我相信在公司发展过程中,为了完成公司目标,应当采取大胆的、冒险的行动	1 非常不同意	2 不大同意	3 一般	4 比较同意	5 非常同意
当决策制定中面对不确定情境时,我总是采取大胆与积极的姿态,从而为公司抓住带来巨大潜在收益的机会	1 非常不同意	2 不大同意	3 一般	4 比较同意	5 非常同意
前瞻部署					
我总是在寻找改善生活的事物	1 非常不同意	2 不大同意	3 一般	4 比较同意	5 非常同意
无论在什么场合我都是建设性地改变的重要因素	1 非常不同意	2 不大同意	3 一般	4 比较同意	5 非常同意
我认为自己的想法得以实现是最令人兴奋的事情	1 非常不同意	2 不大同意	3 一般	4 比较同意	5 非常同意
我总是在寻找做事情更好的途径	1 非常不同意	2 不大同意	3 一般	4 比较同意	5 非常同意
模糊承受力					
我喜欢在不确定的情况下工作	1 非常不同意	2 不大同意	3 一般	4 比较同意	5 非常同意
我公司所处环境经常有不确定因素出现,这阻碍我做到最好	1 非常不同意	2 不大同意	3 一般	4 比较同意	5 非常同意
当意外事件破坏了我的计划时,我会非常恼怒	1 非常不同意	2 不大同意	3 一般	4 比较同意	5 非常同意
我喜欢不确定的情况带给我的挑战	1 非常不同意	2 不大同意	3 一般	4 比较同意	5 非常同意

续表

创业认知					
我对有利的机会一直有特别的警觉或者敏感	1 非常不同意	2 不太同意	3 一般	4 比较同意	5 非常同意
我能够区分盈利机会和不怎么盈利的机会	1 非常不同意	2 不太同意	3 一般	4 比较同意	5 非常同意
在日常工作进行中,我一直试图探索新的商业点子	1 非常不同意	2 不太同意	3 一般	4 比较同意	5 非常同意
在对待一个信息的时候,我总是保持一种关注的眼神来侦测新业务的出现	1 非常不同意	2 不太同意	3 一般	4 比较同意	5 非常同意
我对新业务设想总是有一种特殊的敏感	1 非常不同意	2 不太同意	3 一般	4 比较同意	5 非常同意
风险倾向					
我有处理风险的能力	1 非常不同意	2 不太同意	3 一般	4 比较同意	5 非常同意
我有能力评估风险	1 非常不同意	2 不太同意	3 一般	4 比较同意	5 非常同意
我可以很好地应对不确定因素	1 非常不同意	2 不太同意	3 一般	4 比较同意	5 非常同意
我喜欢承担风险	1 非常不同意	2 不太同意	3 一般	4 比较同意	5 非常同意
我愿意去捕捉机会	1 非常不同意	2 不太同意	3 一般	4 比较同意	5 非常同意

——————本问卷到此结束,谢谢您的帮助与合作——————

问卷反馈方式:

可将问卷电子版反馈至我们的电子信箱:×××××××××××;

或者将打印版的问卷寄回至:×××××××××××××××收 邮编:×××××××

再次感谢您的热心参与和积极合作!如果您对我们的研究结果感兴趣,您可以将自己的 E-mail 留下,我们会将本研究最终的研究结论反馈给您!您的 E-mail 是_____。

图书在版编目（CIP）数据

企业家人力资本形成机制研究：基于企业家知识的视角/崔瑜著.—北京：社会科学文献出版社，2013.10
（前沿管理论丛）
ISBN 978 - 7 - 5097 - 4571 - 7

Ⅰ.①企… Ⅱ.①崔… Ⅲ.①企业家 - 人力资本 - 研究 Ⅳ.①F272.91

中国版本图书馆 CIP 数据核字（2013）第 086951 号

·前沿管理论丛·

企业家人力资本形成机制研究
——基于企业家知识的视角

著　　者 /	崔　瑜
出 版 人 /	谢寿光
出 版 者 /	社会科学文献出版社
地　　址 /	北京市西城区北三环中路甲 29 号院 3 号楼华龙大厦
邮政编码 /	100029
责任部门 /	经济与管理出版中心（010）59367226　责任编辑 / 陶　璇　冯咏梅
电子信箱 /	caijingbu@ ssap.cn　责任校对 / 李向荣
项目统筹 /	恽　薇　冯咏梅　责任印制 / 岳　阳
经　　销 /	社会科学文献出版社市场营销中心（010）59367081　59367089
读者服务 /	读者服务中心（010）59367028
印　　装 /	北京季蜂印刷有限公司
开　　本 /	889mm×1194mm　1/32　印　张 / 8.375
版　　次 /	2013 年 10 月第 1 版　字　数 / 192 千字
印　　次 /	2013 年 10 月第 1 次印刷
书　　号 /	ISBN 978 - 7 - 5097 - 4571 - 7
定　　价 /	45.00 元

本书如有破损、缺页、装订错误，请与本社读者服务中心联系更换

▲ 版权所有　翻印必究